Desobedecer a linguagem
Educar

Coleção
Educação: Experiência e Sentido

Carlos Skliar

Desobedecer a linguagem
Educar

Tradução
Giane Lessa

1ª reimpressão

autêntica

Copyright © 2014 Carlos Skliar
Copyright © 2014 Autêntica Editora

Título original: Desobediencias del lenguaje (poéticas de lecturas, escrituras & alteridades)

Todos os direitos reservados pela Autêntica Editora. Nenhuma parte desta publicação poderá ser reproduzida, seja por meios mecânicos, eletrônicos, seja via cópia xerográfica, sem a autorização prévia da Editora.

COORDENADORES DA COLEÇÃO EDUCAÇÃO:
EXPERIÊNCIA E SENTIDO
Jorge Larrosa
Walter Kohan

EDITORA RESPONSÁVEL
Rejane Dias

REVISÃO
Priscila Justina
Lívia Martins

CAPA
Alberto Bittencourt
(sobre imagem de Lidia Kalibatas, Los gozos y las sombras)

DIAGRAMAÇÃO
Christiane Morais de Oliveira

Dados Internacionais de Catalogação na Publicação (CIP)
(Câmara Brasileira do Livro, SP, Brasil)

Skliar, Carlos

Desobedecer a linguagem : educar / Carlos Skliar ; tradução Giane Lessa. -- 1. ed. ; 1. reimp. -- Belo Horizonte : Autêntica Editora, 2015. -- (Coleção Educação : Experiência e Sentido / coordenadores Jorge Larrosa, Walter Kohan)

Título original: Desobediencias del lenguaje (poéticas de lecturas, escrituras & alteridades).

ISBN 978-85-8217-462-3

1. Educação 2. Linguagem - Estudo e ensino 3. Textos I. Larrosa, Jorge. II. Kohan, Walter. III. Título. IV. Série.

14-08755   CDD-370.11

Índices para catálogo sistemático:
1. Educação e linguagem   370.11

Belo Horizonte
Rua Carlos Turner, 420
Silveira . 31140-520
Belo Horizonte . MG
Tel.: (55 31) 3465 4500
Televendas: 0800 283 13 22
www.grupoautentica.com.br

São Paulo
Av. Paulista, 2.073,
Conjunto Nacional, Horsa I
23º andar . Conj. 2301 .
Cerqueira César . 01311-940
São Paulo . SP
Tel.: (55 11) 3034 4468

Rio de Janeiro
Rua Debret, 23, sala 401
Centro . 20030-080
Rio de Janeiro . RJ
Tel.: (55 21) 3179 1975

APRESENTAÇÃO DA COLEÇÃO

A experiência, e não a verdade, é o que dá sentido à escritura. Digamos, com Foucault, que escrevemos para transformar o que sabemos e não para transmitir o já sabido. Se alguma coisa nos anima a escrever é a possibilidade de que esse ato de escritura, essa experiência em palavras, nos permita liberar-nos de certas verdades, de modo a deixarmos de ser o que somos para ser outra coisa, diferentes do que vimos sendo.

Também a experiência, e não a verdade, é o que dá sentido à educação. Educamos para transformar o que sabemos, não para transmitir o já sabido. Se alguma coisa nos anima a educar é a possibilidade de que esse ato de educação, essa experiência em gestos, nos permita liberar-nos de certas verdades, de modo a deixarmos de ser o que somos, para ser outra coisa para além do que vimos sendo.

A coleção *Educação: Experiência e Sentido* propõe-se a testemunhar experiências de escrever na educação, de educar na escritura. Essa coleção não é animada por nenhum propósito revelador, convertedor ou doutrinário: definitivamente, nada a revelar, ninguém a converter, nenhuma doutrina a transmitir. Trata-se de apresentar uma escritura que permita que enfim nos livremos das verdades pelas quais educamos, nas quais nos educamos. Quem sabe assim possamos ampliar nossa liberdade de pensar a educação e de nos pensarmos a nós próprios, como educadores. O leitor poderá concluir que, se a filosofia é um gesto que afirma sem concessões a liberdade do pensar, então esta é uma coleção de filosofia da educação. Quiçá os sentidos que povoam os textos de *Educação: Experiência e Sentido* possam testemunhá-lo.

Jorge Larrosa e Walter Kohan[*]
Coordenadores da Coleção

---

[*] Jorge Larrosa é Professor de Teoria e História da Educação da Universidade de Barcelona e Walter Kohan é Professor Titular de Filosofia da Educação da UERJ.

SUMÁRIO

1. Linguagens..**11**
Desobediências da linguagem................................15
A linguagem na ponta da língua...........................18
A linguagem hostil...19
Os poetas e a linguagem...22
A linguagem infecciosa...27
A linguagem intraduzível.......................................29
A linguagem amorosa..30
A linguagem sem escrita...32
A linguagem do político..34
A linguagem fechada...37
A linguagem severa..40
A linguagem que julga...42
Tempo e linguagem...44
A linguagem avariada..47
A linguagem da amizade...49

2. Leituras..**53**
Ler como gesto...57
Ler como deixar...59
Ler como solidão...61
Ler como sabor..62
Ler como abrir os olhos...64
Ler para ressuscitar os vivos..................................67
Ler sem poder deixar de fazê-lo.............................68
Ler como pedido..69
A leitura e suas moradas...72
O labirinto da leitura...76

Ler entre idades..79
Ler é reler..84
A leitura e o medo...88
A leitura e o passado...89
O adeus ao livro..91
Ler o amor e o suicídio......................................93

3. Escritas...**97**

Sentidos do escrever...101
Escrever como ensaiar.......................................102
Escrever como não morrer..................................105
A escrita amordaçada...106
A escrita já não é o que era................................108
Escrever e sentir falta..111
A escrita breve..113
Escrever cartas...116
A pergunta pela escrita.......................................118
Escrever como se fosse o fim do mundo.................119
Tomar notas...120
A escrita destruída..122
Escrever, escrevendo...124
Escrever como escutar.......................................126
A escrita em suas próprias palavras......................129
Escrita como estranhamento...............................131
Como chegar à escrita..132
Escrita do instante..135
A escrita *em voz alta*......................................138

4. Alteridades...**141**

Outras vidas...145
Os outros aniquilados..147
Os outros desconhecidos....................................148
Culpas de alteridade..151
Os outros desiguais...154
Os outros diferentes..156
Os outros anormais...160

Outras crianças...163

Outra infância..164

Outros tempos...166

Interrupções da infância...168

Crianças interrompidas...171

Infância entre norma e literatura...172

Infância e infelicidade..174

Infância e alteridade..177

A velhice em nós mesmos..178

A velhice e o cansaço...181

5. Educares..183

Sentidos do educar..187

Políticas fraternas..189

Cuidar e descuidar do outro..192

Ensinar a viver. Ensinar *a essa juventude de agora*.............195

Educar como ensaiar..198

Educar como singularidade...201

Educar como dar tempo..202

Educar como conversar...204

Conversar entre diferenças...206

A leitura pedagógica das diferenças....................................209

Cenas do geral e do particular..212

Do amor educativo...213

O monolinguismo educativo..216

Contra a explicação..219

Razão jurídica e educação..222

Gestos mínimos e educação..224

Hospitalidade e educação...227

Referências..233

1
Linguagens

Desobediências da linguagem.
A linguagem na ponta da língua.
A linguagem hostil.
Os poetas e a linguagem.
A linguagem infecciosa.
A linguagem intraduzível.
A linguagem amorosa.
A linguagem sem escrita.
A linguagem do político.
A linguagem fechada.
A linguagem severa.
A linguagem que julga.
Tempo e linguagem.
A linguagem avariada.
A linguagem da amizade.

Há vezes em que a linguagem obedece e outras não. Geralmente não. A pedra, por exemplo, é uma palavra que não te entende. Um gato é, antes de mais nada, uma gramática de rebelião. A lua obedece claramente. Um desejo — que é a ponta mais rugosa da linguagem — supõe, em partes iguais, desobediência e desordem.

(SKLIAR, 2012, p. 7)

Desobediências da linguagem.

A linguagem desobedece naquela hora em que os silêncios assumem a duração do tempo e os sonhos adormecem a exigência substantiva; na hora em que a perplexidade governa o olhar e dá passagem ao desconhecer primeiro; na hora da morte tesa e do desejo úmido. A linguagem desobedece naquela hora em que a confusão é a única possibilidade da alma, na hora em que parece que a passagem da vida é detida pelas palavras e o roçar da língua demora mais de um século para pronunciar-se.

A linguagem desobedece quando suja a língua com suas armadilhas de encantamento e sentimentalismo exagerado, quando a falsifica, quando a infecciona com glossários impunes e com retóricas sem ninguém dentro e ninguém do outro lado, quando se superestima em seu regozijo adulto ou deprecia o lugar de sua ausência. A linguagem desobedece quando já não há o que dizer e se anuncia aos ventos o nome do mundo, um mundo desvairado que se move e se enreda no próprio som de sua falácia, até cair exausto; quando o ar é pouco e a palavra que descreve o ar é mais nula ainda.

A linguagem desobedece no instante em que a brevidade se confunde com a escassez, em que a pressa se mescla com o desprezo e a agonia se oculta depois de uma ordem pulcra e ameaçadora. No instante em que disfarça seu movimento, se oferece ao suicida como se se tratasse apenas de um grito opaco durante seu abismo, responde somente de costas e nega a passagem da voz pela ranhura das entranhas.

A linguagem desobedece porque acredita que governa a dobra da percepção e, em vez de acariciar, mostra suas garras no limite extremo do sentido; porque é mais seu sentido que sua estrutura, é mais sua poética que sua gramática, é mais sua desordem que sua conveniência. A linguagem desobedece porque não reconhece o lugar de sua morada na humilhação, na hipocrisia, no descaso e no assassinato; porque se rebela contra suas inimizades: o diálogo insípido, a avareza de tons, a renúncia à complexidade, o despojamento do nome próprio.

A linguagem desobedece no momento em que as línguas se aproximam e o dizer está mais atrás do que a boca, mais longe do que as mãos, mais contido do que o sangue; no momento em que a fala, a escrita e a leitura pressupõem o sentido e tornam a expansão e a explosão do som fragmentárias, desajeitadas e sem graça.

A linguagem desobedece na pretensão falaciosa dos céus e na indevida atenuação dos infernos; na indiscrição do segredo, na negação de sua pele estremecida, no desprezo para com a norma e no soberbo frenesi de alcançar o real com a palavra e de caçar a palavra com o real. A linguagem desobedece na planície quieta, na tosca imitação da brisa, no inválido replicar das cores sem matizes.

A linguagem desobedece ao sentir que as palavras caem, pisoteiam-se e se derrubam. Ao perceber o encobrimento do passado na glória vã do futuro, nesse costume insano de enterrar o vivido, no hábito ignóbil de destruir o pensado.

Entretanto, a linguagem é também desobedecida. Desobedecem-na as crianças, os velhos, as mulheres, os artistas, os filósofos. Desobedecem-na a conversa, a leitura, a escrita, a inscrição nas paredes irregulares, os presos, os dementes, os autistas, os bêbados, os que escrevem poemas, os que preferem não fazê-lo. Desobedecem-na os gagos, os jogos, as incógnitas e as madrugadas. Desobedecem-na o tempo sereno, a calma despojada, as paixões, os esconderijos, as frestas por onde se escoam sabores, odores, os sons sem palavras. Desobedecem-na o instante em que o desconhecido continua sendo um jogo de adivinhação irremediável, o momento em que uma mão se estica até a outra mão, a hora em que um gesto se rebela contra a infâmia.

Desobedecem-na as criaturas que estão a ponto de nascer, os náufragos, as danças, a solidão a dois, a dúvida na ponta da língua, os olhos entrefechados, o olhar voltado para baixo, os surdos, os vagabundos, os exilados, os desaparecidos. Desobedecem-na à procura de uma frase que não culmina, pelo artigo indefinido, pela rachadura cada vez mais extensa – cada vez mais incompreensível – pelo pássaro que atravessa os olhos, pela árvore que apaga a escultura, pela serpente tímida, pelo fim da tarde, quando o corpo volta no tempo e o tempo retorna à sua guarida, no silêncio.

Desobedecem-na, enfim, as conspirações contra o abandono, contra o largar tudo em busca de nada, contra as sábias inconclusas traduções, contra os livros que contam histórias impossíveis, contra a pouca memória, contra o esquecimento sem remédio, contra a recordação de todas as falsidades cada vez que alguém toma a palavra e a desnuda, a desperta, dá-lhe vida.

A fala, a leitura e a escrita procedem e advêm de certo tipo de experiência de desobediência da linguagem. Se a linguagem não desobedecesse e se não fosse desobedecida não haveria filosofia, nem arte, nem amor, nem silêncio, nem mundo, nem nada.

Entretanto, uma experiência dessa ordem não é estrutural, nem explicativa, nem duradoura, nem apaziguadora, mas, sim, existencial, uma existência poética da língua e para a língua: "Por isso, será possível falar de existência poética num sentido rigoroso, se por existência entendemos aquilo que abre brecha na vida e a desgarra, por instantes, colocando-nos fora de nós mesmos" (LACOUE-LABARTHE, 2006, p. 30).

A linguagem que desobedece e é desobedecida: colocar-nos fora de nós mesmos, nessa existência desoladora, nessa brecha – sonora e silenciosa – que abre a possibilidade para a produção de um sentido.

A linguagem na ponta da língua.

A linguagem habita e transita entre corpos, tempos e espaços: cruza, atravessa, insiste, perambula, espera, acompanha, assedia, não deixa de dizer nem de escutar, sequer o interior de cenas extremas de privação, desaparecimento, desterro, clausura. Afoga-se e renasce.

Estar na linguagem poderá significar: existir, andar, ocupar, descobrir, nomear, duvidar, errar, desejar, desandar, escapar, viver.

É presença nítida e, ao mesmo tempo, um rastro espectral que assume a vertigem da existência e seus labirintos: proíbe e liberta, habilita e confina, dá passagem e aprisiona, acende, transcende e abisma.

Ocupa o lugar de alguém: é narrador, impostor, impostura?

Ocupa o lugar de outro: é tradução, sobreposição, ultraje?

Ocupa nosso lugar: é poética, é política, é poder?

Ocupa o lugar delas, deles: é segredo, é identidade, é literatura?

Há gestualidade: a linguagem se torna aliada da expressão contida e ardente, do movimento das coisas, das pessoas e seus vínculos; é totalidade, ambivalência e contradição. Sacode-se, desordena-se, é rebuscada e tímida, mostra e esconde, traça direções, ensina, oculta, indica, deseja tocar o impronunciável.

Há pronúncia: a linguagem diz, física, metafísica e eticamente. Matéria do sentido e rastro de pó; a voz: "Torna possível a realização do enunciado, mas desaparece nele, ela se dissolve no significado que se produz" (Dolar, 2007, p. 27). Tonalidades como estações do tempo, as palavras dependem de seu ritmo, de sua duração, de sua intensidade. Mas, também, produzem outros efeitos: a humilhação, o segredo, a vergonha, a serenidade, o ódio, a afirmação, a vingança, a amizade, o desplante, a sensualidade, o abandono.

Há leitura: a linguagem se oferece em disposições espaciais e temporais, em artefatos e dispositivos, em lugares onde os segredos se confessam aglomerados em páginas inscritas nas pedras, pergaminhos, papiros, madeiras, papéis e telas. Alguém deve sustentar-se e sustentá-la, pois a passagem da leitura entre tempos, lugares, almas e histórias é desproporcional: uma pessoa em frente ao mundo, sozinha, numa solidão só, feita de capítulos, seções, notas, sublinhados, indiferenças, comoções.

Há escrita: a linguagem confirma sua estrita solidão, sua desobediência e sua rebeldia na escrita. Como se se tratasse de um ponto de partida abismal, o escrito não encontra antecessores nem antecedentes: tudo pode ser escrito, nada pode chegar a sê-lo. A horizontalidade e/ou a verticalidade da escrita não provam nada e nada garantem: será preciso entalhar e fazer irromper os nomes das coisas como se fosse pela primeira vez.

A linguagem está na ponta da língua: "Todos os nomes estão 'sur le bout de la langue', na ponta da língua. A arte consiste em saber convocá-los quando for necessário [...]. A mão que escreve é uma mão que futuca a linguagem que falta, que avança tateando em direção à linguagem que sobrevive, que se encrespa, se exaspera, que mendiga na ponta dos dedos" (QUIGNARD, 2006, p. 9).

Os falantes, porta-vozes ou vociferantes, leitores, escritores se surpreendem inadvertidamente falando sozinhos, gesticulando na exasperação ou na calma, pronunciando para ninguém, para nenhum, movendo-se como se fossem seres inarticulados à procura de uma forma.

Travessia da linguagem: sair para encontrar o mundo, permanecer para narrá-lo. Entre o mundo e as formas em que se assumem os sons da existência, tudo permanece na atmosfera da ponta rugosa e tensa da língua.

A linguagem: mendicância e opulência, a revelação do vazio, a presença da falta, o estupor por haver encontrado o que é impossível de se encontrar, a perplexidade por não poder voltar a repetir.

A linguagem hostil.

A linguagem seca, o chicote daquilo que acontece fora ou longe ou privado de toda experiência. Ou o que acontece perto, mas como crime, como falsa economia, como violência, como furacões e inundações, como o estado do trânsito e da temperatura; o que perece ao mudar de página ou de dia ou de estação de rádio ou de televisão; a informação que entorpece o tempo todo aquilo que gostaríamos de dizer e de dizer-nos; a informação como conjuntura e como moralidade, em que as palavras costumam perder sua transparência, sua forma perceptiva e dão voltas e se contorcem, se escondem e naufragam. A informação que nos obriga a uma conversa inanimada e sem voz sobre a própria informação. Uma linguagem que, como dizia o poeta Juarroz,[1] está feita de palavras caídas, golpeadas, pisoteadas.

Mas não se trata, somente, da informação assim, no singular; dessa acumulação imprópria de notícias sobre nada, nem ninguém, desse vórtice como redemoinho sem tom nem som, que nos distrai da possibilidade de falar sobre o que sentimos e que nos obriga a falar apenas de um mundo visto como uma lâmina sem pele. A questão está na vertigem das trocas de informação que impedem ou anulam – em seu declarado afeto pela substituição daquilo que está cada vez mais velho pelo cada vez mais novo – a leitura ou a escrita, transformando-a em desejo voraz de eficácia e êxito: "A aceleração dos intercâmbios informativos produziu – e está produzindo – um efeito patológico na mente humana individual e, com maior razão, na coletiva" (BERARDI, 2007, p. 177).

De certo modo, será necessário voltar a pensar numa linguagem habitada por dentro e não apenas revestida por fora. Como a pele, a linguagem também toma a forma de um

---

[1] "Também as palavras caem ao chão / Como pássaros repentinamente enlouquecidos / Por seus próprios movimentos / Como objetos que perdem de repente seu equilíbrio / Como homens que tropeçam sem que existam obstáculos / Como bonecos alienados por sua rigidez / Então, do chão / As próprias palavras constroem uma escala / Para ascender de novo ao discurso do homem / Ao seu balbuceio / Ou a sua frase final / Mas há algumas que permanecem caídas / E às vezes alguém as encontra / Num quase latente mimetismo / Como se soubessem que alguém vai recolhê-las / Para construir com elas uma nova linguagem / Uma linguagem feita somente com palavras caídas" (JUARROZ, 2005, p. 72).

batimento cardíaco ou de uma agitação do respirar ou de um estranho e persistente movimento; outras vezes, ela se converte em muralha, em defesa, em contenção.

Como se fosse necessário, diante da linguagem recoberta e encoberta da informação, perguntar-se pela linguagem direta, a linguagem seca, a linguagem que não diz mais do que aquilo que gostaria de dizer; uma linguagem, por acaso, sem falsidades, sem tecnologias, sem duplicações, sem laboratórios nem experimentos: a linguagem lisa e plana; uma linguagem sobrevivente, talvez, de nosso suposto domínio ou de nossa completa incapacidade para dominá-la. Uma linguagem cuja voz advém e deriva estritamente daquilo que nos acontece. Uma linguagem à flor da pele. Ou uma pele à flor da linguagem.

Em *Claus y Lucas,* Agota Kristof (2007) apresenta duas crianças estranhas e solitárias que vivem nos confins de um povoado perdido, durante a guerra, e que devem tomar, pela primeira vez, decisões sobre a escrita. Em certo momento, perguntam-se como saber se alguma coisa do que escrevem está bem ou mal escrita, se é correta ou não: "Temos uma regra muito simples: a redação deve ser verdadeira. Devemos escrever o que é, o que vemos, o que ouvimos, o que fazemos" (KRISTOF, 2007, p. 31). A crueza com que as crianças assumem sua escrita, sua linguagem, não deixa de ser também sua nudez, sua transparência, essa tentativa para que a linguagem diga alguma coisa, algo que possa ser sentido como verdadeiro, no meio da completa nulidade deixada pela informação.

Estes não são bons tempos, porém, nem para a linguagem direta nem para sua complexidade e ambiguidade: há um predomínio exagerado e desnecessário da rapidez e da eficácia na transmissão e por isso vão sendo afastadas ou descartadas algumas formas de expressão mais rugosas, menos eficazes. Como se a linguagem procedesse apenas das agências informativas ou publicitárias e cumprisse somente com uma função de tensa expectativa indiferente à distância ou de rápida procura de proximidades.

Entretanto, não há nenhum motivo pelo qual ligar a linguagem à pressa, à urgência ou à emergência. A linguagem também

COLEÇÃO "EDUCAÇÃO: EXPERIÊNCIA E SENTIDO"

pode ser uma forma de detenção, uma pausa que sirva para habitar tempos em parênteses, que nos vincule mais à intensidade do que à fatalidade do irremissivelmente cronológico. Não se trata tanto de uma questão de gêneros nem de gerações, mas dessa tensão – tão viva, tão obsessiva – entre a linguagem da informação que exige prontidão e consumidores e a linguagem literária, que tenta fazer com que seus leitores respirem de outra maneira.

As redes sociais modificaram as formas de escrever e comunicar-se e, sem dúvida, afetam o ato de ler. Mas, por mais massivas e naturais que se tornem essas práticas, há alguma coisa na linguagem que faz com que ela sobreviva a qualquer tentativa de fixação ou de transformá-la em moda. É verdade que parte da realidade pode ser expressa em 140 caracteres, mas também é certo que se possa fazê-lo por meio de milhões. Não há nenhuma razão para assumir uma posição definitiva a respeito, pois será o caráter contemporâneo que resolverá a convivência ou o desapego entre o novo e o anterior. O que é certo é que não faz falta suicidar formas de linguagem, de escrita e de leitura em nome da novidade.

Existe um enorme tesouro na linguagem e poder encontrá--lo é, de certo modo, uma tarefa que nos relaciona não só com o futuro, mas, sobretudo, com o passado. Para além de toda discussão sobre o novo, sobre o inovador, o atual e o contemporâneo na linguagem, as perguntas essenciais continuam insistindo com um tremor sempre presente: poderemos tomar a palavra, nossa palavra? Há alguma coisa para ser dita? Há alguma coisa para ser escrita? E, em relação a essa tentação para o expressionismo e para a produtividade da palavra: há alguém ali, por dentro do que é dito, por dentro do que é escrito? E, ainda mais: se a questão é apenas um problema sobre quem emite e o que se emite, há alguém do outro lado que escutará e lerá? Alguém que, simplesmente, deseje uma parada, uma pausa?

Os poetas e a linguagem.

> O poeta, é bem sabido, mescla a carência e o excesso, a meta e o passado. Daí o irresolúvel de seu poema. Está na

maldição, quer dizer, assume perigos perpétuos e renascentes na medida em que rejeita, com os olhos abertos, aquilo que outros aceitam com os olhos fechados: o benefício de ser poeta. Não pode haver poeta sem temeroso receio, do mesmo modo que não existe poema sem provocação. O poeta passa por todos os graus solitários de uma glória coletiva da qual está legitimamente excluído. Tal é a condição necessária para sentir e dizer apropriadamente (CHAR, 1999, p. 44).

O poeta francês René Char destruiu os 153 exemplares de seu livro de poemas *Las campanas sobre el corazón*. Talvez porque sentia na própria pele a maldição que padece o poeta: a extrema lucidez que lhe é atribuída, o perigo que entranha sua palavra no deserto dos discursos ressecados, os olhos demasiado abertos diante do mal e da maldade.

O certo é que ao redor da figura do poeta houve, há e haverá uma ambiguidade manifesta, uma duplicidade extrema. Não se trata aqui de duas escolas de poesia ou de duas estirpes de poetas ou de duas formas materiais de fazer a poesia, mas de revelar a existência de uma dualidade no interior de uma escrita que não cessa de comover e de semear inquietação.

A figura do poeta está vinculada, por um lado, à luminosidade ou aos clarões de luz que se movem em meio a escrita ou à pronúncia do inconfessável: aquilo que ainda tem palavras e pode ir além do que parece haver acabado; aquilo que reina num território híbrido entre o compreensível e o incompreensível. Mas, também, está relacionada com a escuridão, com o risco de assumir a expressão de um mistério que nunca deixará de sê-lo, com o desconsolo e o desassossego que assumem para si o trágico, aquilo que já não está nem nunca esteve, enfim, relacionado à morte. Posição, então, de luminosidade – a escrita para, de certo modo, esclarecer, comunicar alguma coisa a alguém – e posição de escuridão – a escrita para emudecer, sustentar a turvação, a gravidade, para fazer sofrer.

Há aqueles que viram essa dualidade como a expressão de uma batalha do som sobre o silêncio e/ou do som sobre o sentido. Outros a entenderam como a batalha entre o dito e o indizível. Ainda seria possível ver-se como a impressão de uma marca, de um traço, de um signo que interrompe o alvo, um tipo de irrupção em meio à aparente calma.

Que qualidades assumiria para si o poeta e que lição, se existisse, poderia dar-nos sua posição de escrita, sua exposição à escrita?

A primeira delas tem a ver com o caráter *ostensivamente sensível e perceptivo* do poeta. É bem conhecida aquela afirmação de Heidegger (2003, p. 126) a propósito de que a "poesia é escuta, durante a maior parte do tempo". A disposição do poeta para escutar é particular, no sentido de que atende, não só ao que é dito ao seu redor, mas, também, a essa relação tão fugidia entre som e sentido ou, melhor dito, essa atenção sobre como soa aquilo que é pronunciado. O poeta, a poesia, é uma voz que escuta.

Mas não só: ele também assume uma disposição peculiar para o olhar. Trata-se de um olhar que não evita o detalhe, o insignificante, o banal, e que, ao mesmo tempo, não pode deixar de deter-se no excessivo, no transcendente, no extraordinário.

Essa disposição da escuta e do olhar do poeta é sempre inédita. Um evento, um tempo, uma coisa não podem ser incorporados, mas sim escutados – detenção, pausa – e olhados – abertura. Esse é o caráter perceptivo do poeta, que faz com que ele disponha de uma percepção, mas não de uma teoria sobre o mundo: "Eu não tenho uma concepção do mundo. Eu tenho uma sensação do mundo", escreveu Marina Tsvietáeiva (2008, p. 437).

Por isso o poeta não ensina a escutar, e sim compartilha o escutado, sem ânimo de legislar, mas, talvez, de transformação. Por isso, o poeta não ensina a olhar, mas tenta oferecer, com insistência e desespero, a possibilidade de olhar de modos sempre diferentes. Escutar e olhar – e dizer – como se fosse pela primeira vez, porque, a cada uma, algo da ordem do inédito atravessa a percepção e muda a pronúncia. Esse *como* – do *como* se fosse pela primeira vez – é tudo na poesia: de fato, estabelece a diferença substancial entre conhecer – conhecer como fixar, conhecer como já saber e sua consequente indiferença – e olhar – ou escutar – cada vez como se fosse a primeira. Assim revela o seguinte fragmento de um poema de Pessoa: "[...] Vale mais a pena ver uma cousa sempre pela primeira vez que conhecê-la, / Porque conhecer é como nunca ter visto pela primeira vez, / E nunca ter visto pela primeira vez é só ter ouvido contar" (2008, p. 133).

A lucidez sensorial e perceptiva do poeta não só sugere uma virtude ou uma capacidade peculiar, mas, também, a radical dimensão do excesso, tal como o havia mencionado Char. Se, por um lado, o poeta é associado à clarividência de sua escrita, por outro não está isento de ver-se aflito por um frágil deslizamento para a vidência pessoal; como se o ser-poeta pudesse ser assimilado ao ser-vidente.

Talvez Rimbaud tenha vivido, em certo momento, essa experiência que se situa a meio caminho entre a metáfora – como propriedade da ação de escrever – e o delírio – como propriedade da singularidade do sujeito. Em suas palavras: "Quero chegar a ser poeta e me esforço para transformar-me em vidente [...]. Trata-se de chegar ao desconhecido mediante a desordem de todos os sentidos [...]. É mentira quando dizemos 'eu penso'; deveríamos dizer: Alguém me pensa" (Rimbaud, 2009, p. 22).

A esse caráter ostensivamente sensível e perceptível, deveria ser acrescentada uma condição talvez mais evidente, mas não menos enigmática: a *particular relação do poeta com a língua,* isto é, a forma em que traça essa relação singular entre o escutado e o olhado – e o tocado, o ouvido, o recordado, o esquecido, o presente e o ausente – com sua escrita e, também, com sua oralidade. Uma relação que tem a ver tanto com sua própria escrita quanto com o modo como gostaria de ser escutado e lido: uma lição que se preocupa em como entender sensivelmente sem compreender e não em como as coisas devem ser postas e ordenadas na língua; uma lição que alude à separação entre a fala comum e a fala poética.

Em seu *Discurso de Estocolmo* (1996, p. 3), Wisława Szymborska se refere à relação do poeta com a língua como uma rebelião contra o comum: "Na língua da poesia, na qual cada palavra é pesada, já nada é comum. Nenhuma pedra e nenhuma nuvem sobre essa pedra. Nenhum dia e nenhuma noite que o suceda. E, sobretudo, nenhuma existência particular neste mundo. Tudo indica que os poetas terão sempre muito trabalho".

A língua do poeta no poema é, por assim dizer, uma língua à parte: um híbrido, nunca resolvido e sempre a resolver, entre a pronúncia, a imagem, a especialidade singular e o deslocamento. Uma língua que se detém entre a fala e a escrita, que permanece ali no meio, sem tomar partido, definitivamente, de nenhuma delas.

Sobrevém aqui a terceira particularidade do poeta: uma *incapacidade manifesta, mas voluntária, para a explicação*. Incapacidade voluntária para explicar o poema, como bem esclarece Marina Tsvietáieva: "Explicar os poemas? Diluir (sacrificar) a fórmula, atribuir à própria palavra simples uma força maior da que tem o cantor [...]. Como na escola; "com tuas próprias palavras" o Anjo de Lérmontov, mas tinha que ser precisamente com palavras próprias, sem uma só palavra de Lérmontov. E que resultado, Deus! [...]. Que queria dizer o poeta com esses versos? *Pois justamente o que disse*" (Tsvietáieva, 2008, p. 14, grifo do original). Mas, sobre todas as coisas, a rejeição do poeta à explicação como única lógica para codificar o universo nos termos de legislação e conceituação.

O poeta não explica em sua poesia: ele deixa um traço que poderá ser lido por outro. O poeta não obriga um tipo específico de leitura desse traço, ao contrário, sua palavra culmina no fio do tempo em que outro poderá lê-lo, reconhecê-lo. É preciso, aqui, sustentar essa ideia: a do poeta que oferece, que entrega signos que outros deverão decifrar, em seu tempo e a seu modo. E isso confere a esse particular oferecimento uma vinculação maiúscula com o ato de ensinar: "*Signum*, o elemento principal de *insignare*, remete ao sentido de 'signo', 'sinal', 'marca' que se segue para alcançar alguma coisa. O 'signo' é 'aquilo que se segue'. De modo que o que se dá no ensinar é um signo, um sinal a ser decifrado" (Kohan, 2007, p. 131 grifos do original).

O poeta não explica. Percebe nos altos e baixos e com sua peculiar pronúncia da língua aquilo que, talvez, escuta quando escreve.

E o que mais deseja é ser escutado, isto é: ser lido.

A linguagem infecciosa.

A linguagem se perde, se reencontra em seu próprio labirinto, se anuvia, fica aprisionada entre redes de sentidos e sem sentidos, torna-se severa, áspera, padece, poetiza, filosofa, permanece avariada, conserva suas amizades e suas inimizades, convive, atravessa, respira, conversa, ama.

E, também, pode desfazer-se em pedaços, perder por completo suas faculdades, tornar-se indisponível às palavras, incapaz de pensar, de falar, mofar: a linguagem abandona.

Abandonar, aqui, é uma expressão literal: como se em certo instante, por razões indecifráveis, alguém sentisse com desoladora nitidez a impossibilidade de dizer nada sobre nada, tocar com o corpo o limite último da linguagem, perceber que já não há nada sobre o que pudéssemos exercer a propriedade das palavras.

Mas não é o abandono à linguagem, a vontade manifesta de deixar de pensar e dizer, a autoridade do sujeito sobre o código, o livre arbítrio do falante-ouvinte ideal que se retira com suas honras à calma de seu silêncio.

Também não se trata do abandono explícito da escrita, como aconteceu com Bachmann ou Rimbaud – entre tantos outros – que assumem essa posição mais ou menos definitiva de *deixar de fazer.*

É, ao contrário, o abandono da linguagem ao sujeito: seu confinamento, seu desatamento, o desterro de sua voz. Como se, de tanto falar e falar, houvesse um momento em que a linguagem minasse um território até ali ignorado: o da ligeireza habitual das palavras, a confiança cega e habitual no sistema, a mesquinhez dos sentidos, a crença de que é possível falar de qualquer coisa, a dissolução do mito em que o mundo se representa como questão de alguns poucos nomes, alguns poucos adjetivos.

Assim, a linguagem se retira, escapole, coloca um limite na perda da estranheza, procura outras vozes, nos deixa calados e sem discurso algum sobre o silêncio. O abandono da linguagem que nega sua razão ou sua explicação de abandono.

O abandono da linguagem se apresenta diante de nós com vários rostos que nos confundem e nos fazem sentir incapazes: o esgotamento, o entontecimento, a teimosia, a urgência, a conhecida produtividade, o utilitarismo, a progressiva simplificação, a perda da metáfora e da imagem, as frases já feitas, o suicídio da conversa, a humilhação, a frivolidade do verbo, etc.

Mas o maior dos abandonos reside na pena por advertir a filiação da linguagem ao poder ou, melhor dito, aos poderosos, aos altaneiros, aos soberbos, aos mentirosos, aos cruéis, aos publicitários, aos politiqueiros, aos violentos, etc.; o sequestro das palavras mais vitais da língua como limite de propriedade privada de um conglomerado de proveitos pessoais e consumistas; enfim, quando a linguagem se coloca ao lado daqueles que fizeram deste mundo um mundo insuportável e irrespirável. Eles e suas palavras.

Essa é a doença da linguagem ou sua inabilidade ou, para ser mais claro ainda, sua podridão. Uma linguagem infectada, pestilenta, corrompida, que não podemos nem pensar nem sentir como nossa: "Porque foi arrasada, aplainada, alisada, mutilada, simplificada, desumanizada, porque foi transformada numa linguagem de deslinguados, numa linguagem de ninguém, sem ninguém e para ninguém, e por isso sentimos que ficamos sem palavras, e nos sentimos mudos" (LARROSA, 2010, p. 16-17).

Talvez a sensação de mudez, como diz Larrosa, não seja, senão a expressão última de um deserto desolador, no qual permanecemos atônitos em meio de uma linguagem a qual rejeitamos – a linguagem que recebemos – e outro com a qual gostaríamos, ainda, de dizer ou escutar ou ler ou escrever alguma coisa – a linguagem que não temos.

A doença da linguagem: sua letargia, inclinação e abandono à abjeta apetência do poder.

Linguagens

A linguagem intraduzível.

A tradução resolve a desordem, diziam-nos. Ordena para sempre a desordem. Tudo é questão de acreditar que, para além de todas as nossas *torpes diferenças*, havemos de dizer sempre as mesmas coisas, do mesmo modo, de forma transparente. Mas isso também quer dizer que as mesmas coisas já estavam ditas desde sempre, que nossa confusão é inoperante, perfeitamente passível de ser dissimulada e esquecida, que todas as nossas diferenças não são senão versões do mesmo, pura *diversidade inócua*.

Nesse tempo mítico não havia outras coisas que não fossem facilmente traduzíveis. A tradução se traduzia a si mesma sem perder sua compostura. Todo o resto era ignorado, deserdado, destituído da linguagem. Tudo era Universal: os nomes, os homens e as traduções. A diferença era uma grosseira oposição à identidade. Havíamos conseguido deixar para trás todas as nossas confusões babélicas. Nosso espírito era unitário, graças à traduzibilidade genética da nossa linguagem.

Entretanto, a certeza arrogante da traduzibilidade foi sacudida por uma gigantesca ambiguidade das línguas e, assim, destruída. E já não havia tradução, mas sim a impossibilidade de tradução. Já não havia um destino de tradução, mas sim um porvir de confusão.

O castigo, dizem, foi desejar demasiada unanimidade, demasiada comunidade, demasiada traduzibilidade. Mas, em vez de se sentirem castigados, os humanos se sentiram babélicos, porque entenderam que sua condição era a da confusão e não mais a da equivalência. Humanos cujas diferenças foram somente diferenças, nada mais que diferenças, nenhuma outra coisa senão diferenças.

O intraduzível acabou sendo a irredutibilidade daquilo que estamos sendo. Se traduzir pode ser reduzir o outro a algumas poucas palavras, traduzir sabendo da intraduzibilidade pode ser restituir ao outro sua irredutibilidade. Por isso, o paradoxo da tradução é inevitavelmente babélico: se a tradução quer dissimular as diferenças, não faz outra coisa senão revelá-las cada vez mais, torná-las cada vez mais diferenças.

Se antes se pensava na Linguagem – assim, com maiúscula – agora é possível pensar na existência de línguas que são, em sua essência, traduções de traduções de traduções. E também quer dizer que cada texto, cada ser, cada outro revela certa originalidade, algo inédito, pois cada tradução *é diferença*.

Mas a diferença é uma tradução que perturba: como pensar outra coisa em nosso próprio pensamento? Como dizer outra coisa em nossa própria linguagem? Como lê-la, como escrevê-la?

Diante da tranquilidade que o idêntico oferece – o mesmo texto, a mesma voz, os mesmos seres – a diferença não faz mais que produzir o sem forma, o indefinido, a perturbadora sensação do estranho sem nome. Por isso, ao pensar a diferença, sentimos mais medo do que paixão, mais repugnância do que comoção. E, por isso mesmo: "É como se experimentássemos uma repugnância singular ao pensar a diferença, ao descrever os distanciamentos e as dispersões, ao desintegrar a forma tranquilizadora do idêntico [...]. É como se tivéssemos medo de pensar o outro no tempo do nosso próprio pensamento" (FOUCAULT, 1996, p. 19-20).

Talvez por isso é que boa parte das culturas ocidentais se tornou capaz de fantásticas retrospectivas e prospectivas das diferenças e incapaz, entretanto, de um pensamento que difira de si no presente. Naquele mesmo instante em que algo nomeado como diferente toma lugar, num local inesperado onde não havia nenhum lugar, nesse tempo em que se pensava com um pensamento não pensado, ali onde não havia pensamento e em que se fala numa língua nunca antes escutada nem pronunciada.

A linguagem amorosa.

Quem disser que o amor tem uma única trajetória, um ponto de partida sólido e um destino depurado, só ama a si mesmo. A verdade é bem diferente: cada amor que começa

Linguagens

é um exemplo aleatório de uma categoria universal que não existe. O amor à humanidade é uma maneira solapada de não amar ninguém. O amor à verdade é receber as verdades que os outros nos oferecem. O amor dirigido a uma única pessoa poderia ser a forma mais mesquinha de habitar o universo.

Se um amor se fragmentasse, como acontece com a luz, por exemplo, o prisma não ofereceria cores, e sim partes aleatórias de diferentes corpos: uma mão específica – ou inclusive seus dedos soltos –, uns olhos concretos de tonalidades imprecisas, uma pele detalhada, uma testa ou umas costas determinadas. O amor é como uma arte figurativa: um corpo é composto por partes de corpos quase reais, talvez puramente inventados.

O amor não é útil, nem poderoso, nem cortês. Acontece com o amor o mesmo que com quase todas as coisas que estão ali na natureza, porque estão: uma tempestade, um relâmpago, a aridez, a íngreme montanha, a fluidez do rio, o voo do pássaro, o lado visível da lua, a planície, o buraco de ozônio, um tremor, uma vida que se seca, o ar que sufoca, a brisa que dança, os sóis, a tormenta, a fruta mordida, a serpente que espreita.

Se duas pessoas planejam seu amor, detalhando-o, consignando-o, é possível que seu conhecimento os arranque da natureza e os atire no interior de uma implacável máquina. Se duas pessoas não querem planejar seu amor, deverão morar perto do mar ou ao pé de uma montanha e bem longe de um templo, de um quartel do exército ou de um penhasco.

Amar-se não é questão de proposições nem de atrações nem de vontades. Os cães e as crianças se atraem quase que sem querer. As estrelas se atraem desde a origem do universo. A atração entre dois seres acontece sem que ninguém precise fazer concretamente: nem piruetas, nem serenatas, nem poemas. As flores que vivem no campo cantam baixinho para não distrair o mundo. As pedras atraem os rios, mas para desviá-los de seu leito. Existem pessoas que se atraem, mas somente para enganar-se. Atrair é uma constatação que acontece no lugar em que nos encontramos em determinado momento, não uma ação premeditada à qual nos dirigimos.

Amar-se não encontra nenhuma contrapartida na linguagem, mas sim séculos de esforço: poesia, música, adoração, filosofia, pintura, silêncio. Entretanto, tocar o amor com a linguagem não é outra coisa senão pensá-lo antes ou dizê-lo depois. O instante do amor não tem nome: a boca, os ouvidos, o corpo tremem e só podem expressar o rastro de uma constatação:

> É isso! É exatamente isso (o que eu amo)! Entretanto, quanto mais experimento a especificidade de meu desejo, menos a posso nomear; à precisão do enfoque corresponde um tremor do nome; a propriedade do desejo não pode produzir senão uma impropriedade do enunciado. Desse fracasso da linguagem não resta mais que um rastro: a palavra "adorável" (a correta tradução de "adorável" seria o "ipse" latino: é ele, é precisamente ele em pessoa) (Barthes, 1982, p. 38).

Do amor pouco se sabe. E o pouco que se sabe, não faria falta saber. Amar é ignorar qualquer sentido primeiro e qualquer último desenlace do amor. Trata-se da maior das ignorâncias: a ignorância que não sabe o que ignora.

Mas, sabe-se que o amor supõe sua própria curvatura. Um esplendor que não chega a ser tempo antes de converter-se em pó, em brasa. Sabe-se que o amor é hóspede da chuva por vir, de uma carícia que terá como ritmo o universo consequente.

O que não se sabe nunca, o que nunca se saberá é por que o amor sim, por que o amor não.

A linguagem sem escrita.

Também as palavras tomam suas decisões, seu próprio rumo e realizam sua dança particular e, em algumas ocasiões, nos convidam a dançar com elas. São danças macabras ou danças puras, mas nunca se sabe. São serpentes a admirar e a temer. Ou paisagens a distância. Ou turbulências e tremores no meio do corpo. E se desvanecem. Desvanecemos-nos.

Qual é o limite desse movimento de palavras? Que fazemos para que a linguagem não seja de ninguém em particular e de qualquer um e de cada um em especial?

Se há algum lugar onde não pode existir a autoridade – autoridade como posição de altura ou como privilégio de distâncias, não como a autorização de uns para outros – esse lugar é o da leitura e da escrita.

Estão demasiado presentes os argumentos de autoridade que se exercem da linguagem para o ler e para o escrever; insistem, sublinham, enfatizam, vociferam outra e outra vez, com gestos ostentosos e desmedidos, a importância do ler e do escrever. Mas em muitas ocasiões se trata somente de argumentos para sustentar a autoridade, quer dizer: estão vazios, isto é: abismam. Provocam o contrário do que prometem; sugerem proximidade e se afastam até transformar em alheio aquilo que poderia ser próximo e próprio.

Como transmitir a experiência da linguagem, da leitura e da escrita? Será que se trata de hábitos insossos, alavancas para um tempo futuro e incerto que nunca estará no presente; paixões que não têm nenhum porquê nem quando, convites que só sugerem uma travessia de que não se sabe nunca onde desembocará?

Ingeborg Bachmann escreveu *Últimos poemas* (1999). Trata-se, efetivamente, de seus últimos poemas, de uma renúncia explícita à escrita, uma declaração de guerra contra a linguagem fútil e banal, o precipício da escrita em meio à própria escrita; a saturação de si mesmo e a abertura infinita e desconsoladora para a alteridade: "Tenho que, com a cabeça apedrejada / com o espasmo de escrever nesta mão / sob a pressão de trezentas noites, romper o papel / varrer as enredadas óperas de palavras / destruindo assim: eu tu e ele ela ou / nós vos? / (Que seja. Que sejam os outros) / Minha parte, que se perca" (BACHMANN, 1999, p. 27).

Como bem se sabe, existe uma longa tradição de escritores que em certo momento *preferiram não fazê-lo*, isto é, que tomaram a decisão de desertar da escrita frente à impossibilidade de seguir escrevendo, em nome do *chega* de escrita.

Bachmann assumiu, até as últimas consequências, um mundo que não era mais do que um barulho constante, desatinado, tortuoso, e a certeza de que a poesia havia caído em sua própria armadilha: uma elaboração, um artifício, uma vontade falsa na não menos falsa tarefa de pretender *esclarecer* o mundo: "Mas o senhor há de compreender que de repente podemos estar totalmente contra qualquer metáfora, de qualquer som, qualquer obrigação de juntar palavras" (BACHMANN, 1961, p. 32).

Não se trata de um simples abandono ou de um caprichoso e repentino receio. Também não se trata de uma fuga. Há alguma coisa a mais, muitíssimo a mais, e que mostra com profunda complexidade essa relação singular do escritor com a língua: "Suspeita das palavras, da língua, disse muitas vezes para mim mesmo, afoga essa suspeita – para que um dia, talvez, algo novo possa originar-se – ou que não se origine nada mais" (BACHMANN, 1961, p. 32).

Entre o querer saber o que nos dizem as palavras e a desconfiança permanente em relação à língua; nesse amplíssimo espaço que se abre quase sem querer, talvez se encontre a contradição da linguagem, da escrita e da leitura. Porque, de algum modo, escrever e ler, ou escrever ou ler, tem um movimento que é, ao mesmo tempo, de intencionalidade e de impossibilidade. Esse é seu vaivém, sua dança, tão vital quanto macabra.

Não se deixar tentar pelo centro, pela própria centralidade, não permanecer em si mesmo, fugir do já conhecido e dessas formas de expressão que se dominam à vontade, ainda que se sinta a incapacidade por retirar-se, por não poder sair, por estar fechados dentro do pouco que já sabemos.

A linguagem como o aperto da alma, como um pêndulo cujos extremos não chegam a tocar nenhum ponto fixo, nenhuma medida reconhecível de antemão.

A linguagem do político.

A pergunta pela convivência foi-se transformando pelas bordas, mais ambíguas e tortuosas, em direção a uma questão cujo significado imediato remete exageradamente a uma linguagem formal, à soma ou ao que resta dos corpos presentes, aos direitos e obrigações das relações. Quase não se fala da contingência da existência, do devir insuspeitado de um encontro, da incógnita do estranho, da intrusão do desconhecido, ao acaso daquilo que, talvez, possa vir a ser.

A regulação do afeto sugere que conviver é uma negociação comunicativa, uma presença literal de dois ou mais sujeitos específicos – donos de uma identidade nítida – e cujo único propósito e destino é o de *dialogar, compartilhar, convergir e consensuar.*

Mas o termo "convivência" obriga-nos a um primeiro ato de distinção: trata-se daquilo que se distingue entre diferentes seres e que provoca, diante de tudo, contrariedade, receio, desconforto, perturbação. Se não houvesse estranhamento, a pergunta pela convivência nem sequer nasceria, porque conviver é, essencialmente, estar em meio à intranquilidade, permanecer na turbulência, tensionar-se entre diferenças, revelar alteridades, não poder dissimular desconfortos.

Existe convivência porque há a sensação de ser afetado e de afetar. De outro modo estaríamos falando não de comunidade, mas de um inexpressivo e mais que duvidoso manual sobre *bom comportamento.*

Estar juntos, estar entre vários, estar entre diferenças não é consequência de uma relação jurídica, nem do voluntarismo cego por sua própria probidade, nem de algum virtuosismo particular: trata-se da contiguidade entre os corpos –quer dizer: o roçar, a fricção, a carícia, o toque, etc. – cujo limite é duplo: não poderia derivar para a assimilação ou para a fusão de dois corpos, nem para a violação ou para o ultraje do outro.

Estar juntos, olhando-nos nos olhos, para que, afinal de contas, exista a linguagem, exista o mundo.

Conversar no mundo e sobre o mundo, tecer a linguagem, olhar-nos nos olhos, fazer aquilo que é comum: pode ser, por acaso, uma definição torpe, ingênua, inacabada, mas essencial, do político?

O político não nos preexiste. É alinhavado na duração de cada encontro entre homens e mulheres, velhos e velhas, adultos e adultas, jovens, meninos e meninas. E se dilui quando mulheres e homens se dispersam, se evadem, se ignoram, se violentam. O político acaba ali onde homens e mulheres deixam de olhar-se, deixam de falar-se, deixam de fazer coisas juntos. É por isso que o político dá início ao novo: à exposição inédita frente aos olhos dos outros, da relação íntima e transbordante com a contingência, da fragilidade, do poder do imprevisível.

O poder da política: "só é realidade onde palavra e ato não se separaram, onde as palavras não estão vazias e os feitos não são brutais, onde as palavras não são empregadas para velar intenções, mas para descobrir realidades, e os atos não são usados para violar e destruir, mas para estabelecer relações e criar novas realidades" (ARENDT, 2008, p. 206).

O contrário da palavra vazia ou prejudicial é o segredo e tudo aquilo que oculta suas intenções é a mentira. Segredo e mentira parecem ameaçar o espaço do político, impedir ou violentar as relações, dissociar o comum em direção ao espúrio e o individualismo sem fim.

Se é exigido de cada cidadão que expresse tudo o que tem para expressar a cada momento, não sobra lugar algum para nenhum segredo: a velha tradição da política supõe que seja preciso dizer tudo em praça pública e não existe lugar para uma retirada para fora do político. O indivíduo resultante é um cidadão de cabeça para baixo, na largura e na altura, na intimidade e na alteridade.

Antes os políticos mentiam ali onde os cidadãos não sabiam, porque não podiam sabê-lo, diz Arendt. Hoje, mentem aos cidadãos ali onde, em princípio, podem saber de tudo: *a conspiração à plena luz do dia*, a exposição absoluta da mentira.

Mas, então, o que diferencia o político da política? Por que a sensação de que a política conspira contra os cidadãos e que o que quiséssemos fazer teríamos que fazer entre nós, como novas formas de irmandade, amizade, fraternidade e amorosidade?

Se a política parece estar destinada a uma cega e obsessiva transformação do outro, o político é a transformação de si mesmo: "Encontrar nele as vias de sua própria transformação, de seu próprio ir além de si, encontrando-se passo a passo com seu desejo de ser, para ir sendo cada vez algo mais próximo do próprio desejo, isto é, mais próximo daquilo que ainda não se é" (PÉREZ DE LARA, 2002, p. 7).

Esse espaço daquilo que não se é, esse espaço que não está em branco nem se inscreve com a tutela ou a humilhação ou com o amparo violento de outro, é o político. Um espaço de desejos de transformação, sim, no qual a fumaceira criativa dos acontecimentos não se dissipa, mas é compartilhada, disposta em comum, aberta à conversação.

Como se o político fosse colocar a linguagem a serviço da própria nudez e da alheia, do sussurro que se converte em uma paixão para a qual ainda não temos palavras, da potência do descobrimento que brota. E não ao lado da nova e da antiga escravidão, da submissão, da palavra tragada em direção ao silêncio atônito, do falso testemunho e da diminuição dos outros.

A linguagem fechada.

Juana Castro escreveu em 2005 um livro de poemas inquietante intitulado *Los cuerpos oscuros;* uma escrita que tenta nomear, talvez, a mais impronunciável de todas as coisas: a demência e seus confinamentos, o confinamento e suas demências.

Um dos poemas que compõem o livro comove em especial, pois deixa o leitor ali onde nunca teria querido estar: à beira do abismo, do trágico. O poema se chama "Los encerrados"[2] e é nessa brevidade aguda, nessa descrição imperiosa

---

[2] "Los atrancados. Los encerrados vivos. /Oscurecidos, aherrojados en el último cuerpo de la casa, se consumen y hablan / Corre la muerte afuera / Hablan con el televisor y con sus muertos / Olvidan los plazos del futuro igual que olvidan hoy / qué cosas les dolieron ayer tarde / No abren las ventanas porque no entren el sol ni los ladrones / y el cielo está techado de uralita, y no quieren saber a cuántos años / se murieron su madre ni su padre / Por olvidar, olvidan enfadarse, se tragan las horas, el caldo, las pastillas, y arrastran / su nombre y sus dos pies como un misterio / Y

e sem respiração que se pode ler o que de outro modo seria impossível sequer imaginar: a voz da linguagem dos confinados, dos enclausurados, dos trancafiados, escurecidos em meio à luz do dia; aqueles seres a quem ninguém dirige a palavra, aqueles seres que parecem não falar com ninguém.

As metáforas sobre as demências e seu confinamento – o sombrio, o infausto, as trevas, o silêncio, o perigo, o sufocamento, o abandono, etc. – nunca alcançam e enfraquecem diante de tanto horror e tanta incapacidade para compreender a radicalidade do singular. E a dúvida sobrevém: existe ali uma voz? O que diz? A quem se dirige? Com que palavras? Para nos dizer alguma coisa? A nós?

Trata-se de uma linguagem cuja realidade não pode ser pensada apenas como deterioração, perda, desvio, patologia ou desatino. Se assim se procedesse, ficaria apenas uma sensação do literal, discreta e mesquinha. Deveria ser dito: é uma linguagem incomparável, como toda linguagem. A questão reside em compreender qual é a diferença entre aqueles corpos – e linguagens – que são falados e aqueles corpos – e linguagens – que falam.

Efetivamente, existem corpos e linguagens dos quais se fala e corpos e linguagens que falam, que tomam a palavra, que se arrogam a virtude de dizer. Como se o mundo estivesse, de fato, partido em dois: de um lado, os silenciados, os que não têm nada a dizer, nem a quem dizer; os que não se dirigem a ninguém; anônimos que só poderiam chegar a tomar a palavra e usar sua voz, somente para justificar sua presença e para desculpar sua existência. Depois, encontram-se os que dizem por si e pelos outros, os que cobrem o mundo de palavras, explicadores de ocasião que justificam vidas próprias e alheias, que sabem tudo e ocultam com refinada técnica suas proverbiais ignorâncias.

---

leen y releen, una vez y otra vez, tercos como funambulistas / la cuenta de la luz, el testamento / la invitación de boda de una sobrina nieta" (CASTRO, 2005, p. 67).

Mas o mundo, se o escutamos um pouco com atenção, não é tão assim. De fato, muito se escreveu sobre a linguagem e sobre as demências, mas, a partir de uma linguagem especializada com pretensões de clareza; a linguagem arrogante que explica tudo, essa linguagem composta a propósito da distinção entre o que deveria ser linguagem e o que deixaria de sê-lo. Não seria, por acaso, possível que a linguagem das demências pudesse falar por si mesma, em si mesma, desde si mesma?

Também foi dito demasiado sobre as experiências de confinamento. Entretanto, a distinção volta a ser necessária: existem corpos confinados dos quais se fala a partir de uma posição de liberdade e existem corpos confinados dos quais se supõe que nada poderão pensar a respeito. A palavra não é tomada, porventura, no interior do próprio confinamento? Será que a única possibilidade de narrar o confinamento é esperando a luz do exterior?

Esboço de uma ideia: trata-se, talvez, de uma linguagem e de um corpo que não se dirigem a nós, mas a um vínculo essencial existente no espaço tênue e lúcido que permanece móvel e frágil entre a memória e o esquecimento. Um fragmento do poema "Los encerrados" diz: "Falam com o televisor e com seus mortos".

Falam, talvez, a partir do movimento sub-reptício de uma luz que se escapa, com o fragmento de uma lembrança perdida ou partida pela metade, com o deslocamento aleatório das coisas, com o enigma do mistério, com pessoas presentes, às quais lhes é outorgada outra idade, outros rostos e outros nomes, em territórios da infância, onde já nada nem ninguém permanece, com detalhes bordados no menor ângulo do olhar.

Falam, quem sabe, com uma voz cuja moral foi abandonada ou fatigada ou farta de si mesma, com palavras cuja ressonância não está na linguagem, mas no ouvido, através de uma dor antiga que ficou pendente, com os pés arrastando-se por corredores sem desembocadura.

Quando, por acaso, falam com alguém, dirigem-se a alguém em particular, só encontram, em troca, desconcerto, indiferença, talvez a vontade efêmera da tradução impossível, o rápido resguardo na língua sã, o retiro em direção à normalidade mais banal de que se dispõe.

Existe um vínculo essencial entre poesia e demência, é sabido. O filósofo Nietzsche acabou demente, sendo poeta e pela poesia; o poeta alemão Hölderlin permaneceu demente, durante décadas, preso de uma inesgotável obsessão pela escrita divina.

Uma das vozes mais limpas e testemunhais, neste sentido, é a de Alda Merini, poetiza italiana, nascida em 1931, que atravessou vários períodos de internação, silêncio e isolamento. Um de seus livros, *Clínica del abandono* (2008) está composto, entre outros poemas, por aqueles que ditou por telefone a seus amigos durante os tempos de clausura numa sorte de manicômio carcerário. Desse livro, este poema, "A outra verdade":

> Nos tempos da prisão inútil
> eu amei um companheiro meu
> um pobrezinho sem santidade.
> E assim deste amor infeliz
> nasceste tu,
> flor de meu pensamento.
> Ninguém no manicômio jamais deu um beijo
> que não fosse no muro que o oprimia
> e isso quer dizer que a santidade
> é de todos,
> como de todos é o amor (MERINI, 2008, p. 143).

A linguagem da demência diz: tempos da prisão inútil; diz: amar numa prisão inútil; diz: amor infeliz que ama no meio de uma prisão inútil; diz: de todos é o amor, isto é, de qualquer um e de cada um.

Prisão inútil: a língua que encerra um corpo e a sua língua. Trágica e inutilmente.

A linguagem severa.

Não dominamos a linguagem, nos dizem, não é nossa. E essa afirmação é parcialmente certa. Funciona sem nós, antes e

Linguagens

depois de nós, e pode parecer que não há modo de detê-la, de agarrá-la, de amarrá-la, senão de entrar nela como quem abre seu corpo à tormenta de um rio empedrado, à serenata dos tempos, ao interstício que se encontra entre o que já foi dito, escrito ou lido e o que ainda não se disse, nem escreveu, nem leu.

Existe uma palavra que talvez possa nomear a relação que se gostaria de ter com a linguagem: a "detenção". Detenção, não no sentido de contenção nem de suspensão, mas de espera, de pausa, de parêntese. Detenção como calma tensa, como a expectativa do discurso, como a modulação de uma voz pronta para se expressar ou para se arrepender.

Talvez não possamos fazer outra coisa que não seja deter as palavras, não retê-las, mas detê-las: dar-lhes ar, voz, pausa, fôlego, ressonância. Timidamente, sabendo que não queremos ser partícipes dessas cerimônias funestas de fixação de termos, nem da clausura dos sentidos.

As palavras detidas são o murmúrio do pensamento, esse pensamento que não se dirige à captura do real para asfixiá-la ou para simplificá-la ou para deixar de pensar, mas aquele cuja tentação é a de acompanhar o movimento com o movimento, a solidão com a solidão, a impossibilidade com o impossível. Palavras que não obstruam nem destruam o redemoinho dos sentimentos. Palavras que, como feixes de luz e nuvens enormes, deem tempo, não julguem nem subjuguem: "Meu amigo, a propósito das palavras. Não sei de palavras que possam nos perder: O que é uma palavra para poder destruir um sentimento? Não reconheço nela uma força assim. Para mim, todas as palavras são minúsculas. E a imensidão de minhas palavras não é mais do que uma tênue sombra da imensidão dos meus sentimentos" (TSVIETÁIEVA, 2008, p. 19).

As palavras, diante da imensidão do que sentimos. As percepções diante das concepções. Sentir-nos encurralados em meio à linguagem, diante de milhões de partículas do humano que não podem ser sujeitadas nem nomeadas.

E dá pena, muita pena, a exigência e a opulência dessa linguagem severa que se torna aliada da normalidade, do normal. Quando falar ou pensar criam um falso pacto entre a linguagem e a normalidade, alguma coisa morre no mundo. Quando um ser qualquer é nomeado na superfície de seus atos, ou lhe é imposto o contorno opaco de uma única identidade, algo do gesto da amizade, da igualdade e da fraternidade acaba.

Ou, para dizê-lo de outro modo: cada vez que se diz: (que algo, que alguém) *é normal*, um fruto seca e se atira do alto de uma árvore, uma criança adormece sem desejá-lo e uma conversa fica interrompida para sempre.

A linguagem que julga.

O homem: um animal desalmado que julga.

Todo o seu corpo se concentra no ato de condenar. Torna-se severo diante daqueles que cometem um pequeno mal, por exemplo: a galhofa que se supõe inofensiva ou a balela que oculta sua origem; ou que deslizam um mal intermediário: o desinteresse próximo ao desprezo; ou que materializam o pior dos males: o assédio a partir da sombra espessa do sem sentido, da torpeza da compreensão quando não há nada para ser explicado.

A linguagem que julga está pesada, carrega o peso de séculos de humilhações e habita a imperícia da banalidade.

Seu caráter foi submetido a uma rigorosa solidão, essa solidão que é resultado de um lento e progressivo abandono da cumplicidade e da complacência com os demais, essa solidão como desterro, que faz com que o mundo não seja outra coisa além de um fervedouro de desconfiança, de desapego, de suspeitas de uns para com outros.

Mais do que conversar, a linguagem do homem, que julga, sopesa, mede, esquadrinha, desconfia. O *eu em teu lugar*, ou *aquilo que deverias fazer*, ou *o que seria correto*, são emblemas de uma investida que pergunta: *está bem ou está mal?* Reitera até a saturação desde os jornais, as rádios e as televisões e se replica em nós mesmos.

O homem que julga não se dá conta do envenenamento de sua língua. Ao contrário, ele vive longos períodos assumindo

Linguagens

o destino de uma altura tão suprema quanto desnecessária; acredita ser convocado, não para conversar, mas para oferecer sua clarividência, sua percepção incontrastável, certeira; confunde o equânime com o golpe de um martelo que não sabe mais do que sentenciar a morte.

Para o homem que julga, os outros são corpos indeléveis dispostos a receber as verdades que oferece. Mas os outros, pouco a pouco, se esgotam, murcham, se afastam. Porque, diante do homem que julga, dá a sensação de que ninguém pode se distrair por um segundo, desviar-se para seus próprios pensamentos, ou fazer o primeiro comentário que lhe venha à mente. E se esquivam como os réus diante do juiz e renunciam esgotados pelas justificativas e explicações: fingem que escutam, mas estão mais pendentes de uma folha que cai, de uma porta que não fecha nunca, da justa distração. E com o tempo saem para procurar o movimento do som de outras palavras, fogem sem deixar rastros.

A moral do homem que julga é como uma pintura sem ranhuras. E isso impede de desfrutar da conversa, da leitura ou da escrita. Em vez de ler, por exemplo, empenham-se em discussões com autores e personagens – não perdoam fraquezas de caráter, não suportam que tudo se resolva sob o duvidoso manto de uma justiça torta – e quando escrevem não conseguem silenciar sua mente, todos os seus relatos preveem falsas histórias com um longo desenlace cheio de pesadas e pedantes lições de moral.

Nietzsche e a moral: "A moral é a idiossincrasia do decadente com a intenção oculta de vingar-se da vida". Ou: "Toda moral é um hábito de automagnificação, pelo qual uma classe de homens está satisfeita com seu modo de ser e de sua vida". Ou bem: "A besta que reside dentro de nós quer ser enganada, a moral é a necessidade de mentira". Ou, por último: "A moral, com seus preceitos absolutos exerce uma injustiça sobre cada indivíduo" (Nietzsche, 1976, p. 37).

Terá razão Nietzsche, como sempre? Que o homem que julga se contenta e apazigua com sua linguagem, servindo-se de um relato dissimulado e banal de sua própria vida decadente? Que suas bestas repousam cativas, amarradas, numa espécie de desolada estufa? Que o absolutismo da moral é injusto com cada singularidade, com cada exceção? Será o homem que julga, então, a expressão definitiva de uma língua já incapaz de justiça?

A língua do homem que julga repete de novo e de novo: *assim são as coisas*. É uma língua de ombros encolhidos. Porque as coisas nunca são assim, mesmo que também não se saiba como seria se fossem de outro modo.

Até onde é possível pensar diferente, ter um pensamento distinto do já pensado?

A solidão não ajuda ao homem que julga e seu pensamento não vai além de uma esquálida doutrina.

Tempo e linguagem.

Uma unidade de tempo – por exemplo, um dia, uma semana, uma década ou, até mesmo, um século – não é uma unidade de sentido, de acontecimentos ordenados, suaves como a borda lisa de um olhar fechado ou de uma boca que nunca encontra suas palavras: como poderia sê-lo? Como dispor da ignomínia, do infausto, do ilegível, da timidez, do que não se manifesta por decoro, por excesso ou por vergonha?

Uma unidade de tempo é um ardor, ou um bocejo, uma carícia, uma desatenção, ou um relâmpago, a mão mal estirada de um mendigo, um golpe de olhos indeciso ou, também, a declaração sub-reptícia da tormenta. Uma unidade de tempo é exigir tanto quanto um segundo. Exigir: pedir, assumir, tomar, roubar, sentir.

Para que dois ou três fatos que ocorrem no mesmo instante, tenham alguma relação entre si é necessário inventar mais de um terço da história, dissimular suas dobras, evitar a tentação da moral e, inclusive, evitar a intempérie absoluta do alheio. Uma unidade de tempo não é nem correta nem incorreta, nem justa nem injusta, nem sábia nem ignorante: sucede, acontece.

Mas: o que é a história ou seu relato senão a incapacidade de explicar a duração do assombro, a intensidade do instante? A explicação está no lugar da pele, a ocupa, a esfria, a seca. Faz da pele seu osso e do osso uma nuvem de fumaça que se escapa pela fresta de uma porta.

Não terá explicação: o assombro vai durar o tempo em que os olhos consigam permanecer abertos, atentos, decididos a ver o que de outro modo desaparece. O assombro vai durar até que uma nova interrupção dê lugar a outra indiferença.

Então: como é possível que uma mulher ame no limite de suas forças sem que haja ninguém – ninguém, isto é: a sombra escura e imprecisa de um fantasma – da outra parte? Ou que no mesmo minuto em que se desata uma guerra, em outro lugar haja um homem fumando ou tossindo indiferente? O que relaciona um cego que não acaba de atravessar a rua a uma senhora que passa horas olhando-se num espelho? Como é possível imaginar, sequer, que a uma dor corresponde um silêncio, um desatino ou nada?

A história do humano pareceria ser a história do talvez, do quase e do entretanto.

Talvez se alguém tivesse percebido algo ínfimo, de sua distração ou de sua excessiva atenção, talvez se aquele menino não tivesse escapado nem golpeado fatalmente sua cabeça, talvez se dois indivíduos tivessem se conhecido antes, talvez se o terremoto tivesse começado longe daqui, talvez se um cachorro não tivesse atravessado a avenida. Talvez se não tivesse sido dita aquela palavra. Quase seríamos distintos, quase outra coisa, quase em outro lugar, quase sem desejá-lo, talvez sem reconhecer-nos. E, entretanto não foi isso o que aconteceu, nem também o contrário disso. A ilógica do tempo está governada pela imperícia substancial das casualidades.

No infinito quadro de acasos que é o mundo, às vezes acontece que diferentes pessoas não se cruzam nem conversam, por um milagre. Alguns partem três segundos antes do que outros ou se enredam numa distração que os faz chegar mais tarde ou estão no lugar onde jamais deveriam estar ou são gente que nunca sai e nunca conversa. Alguns se detiveram sem motivo, outros se perderam, outros foram embora quando não lhes correspondia e outros estavam a ponto de dizer algo que calaram ou muito repetiram quando o oportuno era um silêncio cauto, retraído.

Toda vida é um compêndio errático e inexato de quimeras: ter, sentir, padecer, viver uma vida não significa outra coisa senão ser capazes e incapazes de outras vidas. O destino é uma palavra que só pode ser pronunciada um pouco antes da morte. O porvir é uma encruzilhada que não espera. O passado cresce pelos lados como se o corpo não tivesse ousadia para contê-lo.

Quatro exemplos.

Uma menina brinca sentada sobre a grama, enquanto seu pai traga e espalha um tabaco forte. A menina não sabe qual será sua sorte. Talvez alguma vez se lembre do aroma mesclado daquelas folhas amargas acesas e de sua brincadeira incessante sobre a grama. Mas não tem ideia do que será quando, depois, alguém lhe perguntar ou ela perguntar a si mesma quem ela é. Essa menina talvez brinca com outra menina e não sabe que nunca mais voltará a vê-la; não prepara sua vida, nada disso derivará naquilo, não antecipa os dias, não tem outra pretensão a não ser fazer perdurar a atmosfera na qual se encontra. Uma atmosfera: a mistura imperfeita de um cheiro, um sabor, um som e a consciência em outro lugar. Nem sequer repara, agora, que seu pai está lendo, apoiando o livro sobre seu braço quieto. Ignora que terá uma vida de difamação, de memória aturdida e de décadas de confinamento.

Uma mulher e um homem ainda não se conhecem nem se encontram, porque ainda são uma menina e um menino. Não sabem que passarão a vida juntos, nem têm ideia alguma sobre um navio que navegará 32 dias em direção a uma pátria estrangeira. Ela ainda tem o cabelo avermelhado e ele passa as horas no campo trabalhando com seus pais. Tudo o que fazem agora não conduz a nenhum encontro. A nenhum lugar. A nenhuma lembrança. Os dias só passam até onde é possível olhar-se. Ele não sabe que suas tesouras lhe desfigurarão os dedos para vestir senhoras e senhores desatentos. Ela não sabe que confundirá as lembranças como quem confunde o movimento das ondas ou o azul, o vermelho e o amarelo dos fogos.

Outra menina ignora por completo que será uma poetisa reconhecida fora de seu tempo, mesmo que desde muito pequena passa as horas desenhando e escrevendo e já aos sete anos acredita que sabe tudo e sente que tem todo o tempo pela frente. Jamais imaginou que teria três filhos e que um deles, a caçula, morreria por inanição ainda bebê. Também não elabora sua futura sensibilidade extrema, nem cozinha à lentidão do fogo um amor que lhe será eterno. Ignora que suas cartas serão lidas fora de sua época.

Um menino de 7 anos caminha descalço por um povoado deserto. É hora da sesta e só ele, os insetos e a brisa entre os álamos continuam acordados. Esse menino que agora brinca com as pedras – descobrindo rugosidades, lisuras, texturas – não tem ideia do que é o trabalho nem por que a maioria dos adultos tem a voz amarga. Olha para o céu e fecha os olhos para não ficar cego com a luz violenta do início da tarde. Não se pergunta pela injustiça nem pela justiça. Só deseja que esse instante não acabe nunca.

Todos estamos diante de alguma coisa, ao redor de algo, debaixo ou em cima de algo, que por agora não entendemos: a vida e a morte, aparentemente distantes, dissolvidas, impróprias, alheias.

Ninguém sabe que em algum momento recordará sua infância como aquele tempo em que não era necessário nem pensar nem pentear-se.

Ninguém sabe o que virá, o que vai querer, onde, o que vai fazer, se poderá fazê-lo.

Por isso a vida é tanta. E tão breve.

A linguagem avariada.

Uma mulher bateu com a cabeça e perdeu completamente a linguagem, durante três dias inteiros.

Uma pancada inesperada na região temporal esquerda de seu cérebro durante uma queda inoportuna. Ela só se lembra de que a pedra parecia cair do céu, não parecia estar no chão. Disseram-lhe várias vezes que a região afetada era onde está a linguagem. E ela compreendeu que esse lugar era a pedra.

Que estranho: ela sempre havia pensado que a linguagem estava no meio, no em, no lado de dentro, não num lugar específico, mas no meio de dois, de três ou inclusive de mais, no meio de uma palavra e uma dúvida, no meio de uma pergunta e a letargia de sua resposta, em meio a um gesto e uma interpretação, entre o balbuciar e o gaguejo, entre o falar e o escutar.

Não se lembra de como havia sido a pancada, porque estava caminhando pela ladeira de uma montanha, pela beirada de um riacho tranquilo, pisando numa pedra, depois em outra, e então nada. Mas sim, se lembrava de que, sobre este último instante, precisamente, nada poderia contar. Ninguém pode contar a vida como se se tratasse somente de um deslizamento, da perda do chão e então do ar vazio até o solo.

Acordou horas mais tarde numa sala repleta de doentes de quase todos os males, por meio da voz de um jovem e sereno médico que perguntava pelo seu nome. Se soubesse, pensava, não estaria aqui. Saber seu nome seria saber todo o resto. Mas não sabia. Depois, sim. Recuperou a memória como quem recupera seu brinquedo preferido, essa voz que sabe nomear o caos de seu próprio corpo.

Dias mais tarde nos conta como se sentia quando não tinha linguagem. Conta-nos como quem relata um mistério único: a linguagem perdida e logo reencontrada, a linguagem afásica e depois esplendorosa, a linguagem que havia tragado a respiração e depois voltou a respirar em uníssono com ela.

Ela disse: é como ter tudo na ponta da língua, mas, o que acontece é que em vez de cuspir, engolimos. A linguagem deixa de ser víbora e se converte numa amarga tentação do silêncio.

A linguagem parece uma unidade, mas uma pedra qualquer a faz irromper em mil pedaços: um vazio dentro de um parêntese, uma silhueta delgada à custa das mudanças dos tons de voz, a música que não chega a te tocar e se disfarça de sombra, um boneco nu que só deseja não ser batizado.

A perda de sua linguagem não durou muito, mas quando algo como a linguagem está ausente, é como se do mundo o houvessem retirado seu manto e restassem somente elementos soltos, dispersos, nuvens fora do céu, cruzes fora dos cemitérios. O pior é o balbucio, que é saliva, não é palavra.

Estar sem linguagem é como haver estado num deserto – ou dentro de um lamaçal – sem ânimo algum para conversar. Em seguida, vem o despautério: a boca imprudente e a confusão de sons, como se quisessem nomear todas as coisas do mundo e não fosse possível dizer absolutamente nada.

A linguagem da amizade.

Na amizade existe, sobretudo, uma linguagem feita de perdões invisíveis, boas-vindas explícitas, todos e cada um dos segredos amontoados à espera do encontro e um desejo calmo, sereno, de totalidade: totalidade infinita, sem desculpas, somente interrompida quando alguém ou alguma coisa irrompe como o alheio, interrompe com a estranheza daquilo que não pode caber na amizade.

Na amizade há uma conversa feita com palavras e sem palavras: a manifestação extrema do estar, que não admite cognição nem superposição nem autoridade. Trata-se de uma existência com a qual se pode contar na presença e na ausência: a proximidade nunca é suficiente, a distância nunca é demais.

Trata-se de uma relação essencial, em que conhecer não é apenas uma opção entre várias, mas, a própria vontade de renunciar a conhecer, de declinar a interpretar, traduzir ou explicar: uma relação, então, na qual a voz de um e de outro se escutam mutuamente.

Aristóteles a definia como a ausência de adulação ou, em outro sentido, alertava sobre a existência de um amigo inferior, o adulador: "A maioria dos homens parece preferir, por ambição, ser querida a querer, por isso a maioria deles gosta da adulação; com efeito, o adulador é uma espécie de amigo inferior, ou se finge como tal e finge querer mais do que é querido, e ser querido parece semelhante a ser honrado, ao que aspira a maioria dos homens" (ARISTÓTELES, 2006, p. 27).

A amizade se pronuncia por meio de uma linguagem marcada pela intensidade dos instantes e pela rejeição absoluta à proliferação de adjetivos que interpelam, acusam, difamam. Como se se tratasse de uma linguagem limpa, fruto de um olhar limpo numa duração sem fundo, que impede a passagem de todo julgamento e que abre as portas para uma hospitalidade sideral, sem impor condições.

É uma relação de separação amorosa cujo tema inexiste: não existe amizade, mas somente amigos; não se fala dos amigos, mas com eles:

> A amizade, esta relação sem dependência, sem episódio, e onde entra, entretanto, toda a simplicidade da vida, passa pelo reconhecimento da estranheza comum que não nos permite falar de nossos amigos, mas tão somente falar-lhes, não fazer deles um tema de conversa (ou de artigos), mas sim o jogo do entendimento no qual, ao falar-nos, aqueles reservam, inclusive na maior familiaridade, a distância infinita, essa separação fundamental a partir da qual aquilo que separa se converte em relação (BLANCHOT, *apud* DERRIDA, 1994, p. 325).

Dois sempre estranhos, independentes, separados e situados numa distância que não se pode medir, mas claramente traçada, que não confundem o estranho com a estranheza, nem a estranheza com o estrangeiro, nem o estrangeiro com a ameaça. Dois estranhos que intercambiam o que tem e o que não têm e deixam sem valor de mercadoria e de barganha aquilo que compartilham.

Há um jogo de entendimento porque há espaço comum e intransigente: em cada um haverá um cada um. Entretanto, a linha ou a fronteira ou a separação entre dois, em vez de dividir, reúne. Em vez de distanciar até tornar os corpos, as percepções e as palavras intocáveis, une. Como se familiaridade e distância pudessem se dispor na estreita margem de um mesmo termo.

A amizade é relação porque cria o espaço das coisas que podem chegar a acontecer.

Esse intervalo é de ações – ler, falar, brincar, imaginar, pensar, olhar, sentir, padecer, calar, etc. – mas não de disponibilidade de um sobre o outro: não há outro à disposição, mas a disposição desse intervalo, desse espaço, dessa conversa: "[...] o puro intervalo que, de mim a esse outro, que é um amigo, mede tudo o que existe entre nós, a interrupção de ser que não me autoriza jamais a dispor dele, nem do meu saber dele (mesmo quando seja para lisonjeá-lo) e que, longe de impedir toda comunicação, nos coloca em relação com o outro na diferença e às vezes no silêncio da palavra" (BLANCHOT, *apud* DERRIDA, 1994, p. 325).

A amizade da infância é animalidade comum, tudo está na cena e o mundo parece estar em retirada.

A amizade adolescente toma, talvez, a forma de *Narciso y Goldmundo*, de Herman Hesse – as vidas possíveis, a separação provisória, a distância máxima, a travessia, a memória incessante.

A amizade adulta tem um ar de *El último encuentro*, de Sandor Marai – a pergunta que permanece, o mistério que não cessa até o último dia de nossos dias, a resposta que, sempre, pode esperar.

Em todas as idades, a amizade tem um valor incontável, incalculável: não se conta, não há quantidades, jamais existem somas, jamais se resta.

É por isso que a voz provém e devém de inúmeras vozes. Já não importa de quem, já não importa como, já não interessa quando: estranha sensação de uma companhia incondicional que, mesmo ausente, no presente, calada no maior dos silêncios, parece permanecer em todos os lados.

2
Leituras

Ler como gesto.
Ler como deixar.
Ler como solidão.
Ler como sabor.
Ler como abrir os olhos.
Ler para ressuscitar os vivos.
Ler sem poder deixar de fazê-lo.
Ler como pedido.
A leitura e suas moradas.
O labirinto da leitura.
Ler entre idades.
Ler é reler.
A leitura e o medo.
A leitura e o passado.
O adeus ao livro.
Ler o amor e o suicídio.

Voltar a página. Não virá-la. Ficar no meio. No canto. Na quietude da página que não é anterior nem posterior. Deter-se. Nem no que já foi lido, nem no que se está por ler. O estremecimento do que acaba de ir-se. A incerteza do que virá. A isso também se pode chamar, sobretudo, leitura.

(SKLIAR, 2014, p. 65)

Ler como gesto.[3]

Um gesto, apenas um gesto: abrir um livro, ou seja, deixar o olhar, deixar esquecido o olhar, deixá-lo quase abandonado, ao redor de algo que não é seu e que, talvez, alguém lhe tenha dado. Alguém deu a você, e é melhor não ver sua mão, que a mão não se mostre, que a mão desista de se revelar como a origem. Porém, que deixe mais ou menos perto, amorosamente, insistentemente, um livro, o gesto de dar a leitura, de dar a ler.

Alguém lhe deu a possibilidade de abrir um livro. E será melhor não permanecer ali para te perguntar, para te indagar, para te submeter ao juízo do que você deveria ler, do que você deveria ser. Alguém, cuja mão está disposta a um convite tão simples quanto milenar: dar a ler. Dar a ler porque sim. Dar a ler porque alguém escreveu antes. Dar a ler porque alguém já leu antes.

Sempre alguém terá escrito e lido antes. Antes de quê? De seu nascimento, de seu corpo que ainda não é, mas já existe. Antes que você pudesse abrir os olhos, para ruborizar-se ou para desolar-se, já houve alguém que escreveu e que leu algo antes. Alguém escreveu algo e, quem sabe, sem outro motivo senão o de poder lê-lo, dará início a essa estranha tarefa de encontros e desencontros, de solidão e multidão, de passividade e turbulência.

Primeiro, torpemente, isto é, sem saber muito bem se o que há de se fazer é reconhecer a letra ou a palavra ou a voz que

---

[3] Os textos deste capítulo: "Ler como gesto", "Ler como deixar", "Ler como solidão", "Ler como sabor", "Ler como abrir os olhos", e "Ler para ressucitar os vivos", foram traduzidos por Bernardina Leal.

antecede. Depois, de forma audaz, como se a leitura tivesse a ver com a voracidade. "Leitor, esperava os livros. Na espera do livro, o buscava como (perdão por assim dizê-lo) um animal que tem fome" (QUIGNARD, 2008, p. 53-54). Mais tarde, ao final, serenamente. Porque, de algum modo, a serenidade dará a você um lugar na leitura.

Alguém escreveu e leu antes. Alguém é uma mão que escreveu e outra mão te dará a ler para que seus próprios braços realizem o gesto de abrir um livro, abrir à leitura, provocar uma fenda por onde passarão, como lentas conversas, palavras que não são suas, fios que não são seus, feridas que não são suas, mas que poderiam começar a sê-lo.

Porque: "Como leitor se abre, é aberto, o aberto, como seu livro está aberto, abre-se como uma ferida está aberta, abre e abre-se, abre-se totalmente sobre o que a transborda do todo, e a abre" (QUIGNARD, 2008, p. 53-54).

Abrir um livro, esse gesto não é somente a abertura do livro, não é apenas "abrir o livro". Abrem-se, de uma só vez, possibilidades e impossibilidades, o estar presente e o ser subtraído, a musicalidade e a taciturnidade. Abre-se o desconhecimento mais autêntico, o único que, de verdade, nem sabe nem pode jamais saber: o de não saber como se continua o presente, não para diante, mas para os lados; o de ignorar a própria vontade de saber; o de renunciar à já conhecida e débil palavra seguinte.

Abrir um livro: um gesto inicial que talvez te confunda a direção, te entorpeça a urgente felicidade à qual te convoca este apressado mundo, te remova do tempo perturbado ao qual te chamam insistentemente apenas para te humilhar, para te destituir, para te ofender. Um gesto que é, por acaso, contrário à morte, ainda quando te cegue, te endureça, te ofusque com a dupla letra do mundo retratado na escrita.

Dupla letra, dupla palavra, duplo fragmento ou talvez mais ainda: sua palavra agora não importa, tampouco as palavras de ordem, porém ali estão, disputando uma a uma o percurso de seus olhos sobre a leitura. O que você irá eleger? A palavra bruta, porém já encarnada? Ou a palavra facilmente amorosa que somente dá e recebe hipocrisia?

Ao menos algo você poderá eleger. Algo que, inclusive, você não entenderá. Ou que, ao entendê-lo, voltará a fugir ou a perder-se. Como se as palavras na leitura não se detivessem em sua memória, mas que saltassem, de folha em folha, de livro em livro. Talvez na escrita te pareçam estátuas. Porém, na leitura, essas mesmas palavras são dançantes, estranhos turbilhões que não arrasam: dançam.

Algo você poderá eleger, ainda que ninguém saiba quando, nem estejamos lá para falar disso, para averiguá-lo. Talvez o que você eleja seja poder abrir um novo livro sem que ninguém o diga a você, ou sem que ninguém o dê a você. Talvez o que você eleja esteja fora da leitura e da escrita. Porém, se estivesse dentro da leitura e da escrita, isto é, se seguisse esse caminho carente de direção, mas caminho em si, quem sabe você viesse a ser alguma vez essa mão a impedir que o gesto de dar a ler se acabe, como já se acabou, de certo modo, a desmesura do silêncio e o privilégio da amizade.

Assim, abrir um livro é um gesto que continua o mundo, que o transmite, que o faz perdurar. Ler, então, terá a ver com um tipo de salvação – pequena e nada ostentosa – de um mundo anterior. Não apenas ressuscita os desesperançados vivos de agora, mas o faz a partir de palavras de ontem.

Ler como deixar.

Que mão te dará a ler? Qualquer mão. Toda mão é capaz de dar, sem sequer mostrar o movimento de *dar*, sem sequer pronunciar seu nome, nem o nome de nada, a não ser o nome de quem escreveu antes, se você quisesse sabê-lo. A mão é anterior à primeira palavra que você está prestes a pronunciar. A mão é pura ausência quando essa palavra é dita.

Trata-se de qualquer mão que, inclusive, nem sequer colocou seu olhar no que te deu. Porque pensou, sentiu, fez com que isso que te foi dado não necessite de sua autoria, não seja de sua propriedade, não tenha autoridade. Retirar a autoridade do que foi dado, sim. Para que o dado seja herdado, sem que se advirta a gravidade ou a impureza de dar. Para que dar, dar como substantivo, não como verbo, seja desmensurado e ínfimo, de uma só vez.

Porque a mão deve partir assim que deixado o livro, ela deve retirar-se para poder deixar. Se permanece ali, se volta a ser uma mão que insiste, o gesto já se transforma em domínio, em desditosa persuasão. A mão que fica ao deixar, não deixa, torna-se mesquinhez.

Dar é deixar, não é abandonar. Não se abandona o que se deixa. O que se deixa é uma curiosa sensação de dar. E a conjugação está na ponta da língua: dar o deixado. Nunca se deveria dizer: deixar de dar. Deixar de dar é já estar teso, ser incapaz de qualquer gesto, incapacidade de doar, de estender a mão para além do seu nariz. Deixar de dar é como a morte. Morte que sempre é própria, que não se dá nem se deixa.

Entretanto, o que é que se pode deixar para você, com o risco de que você não o tome, que você seja indiferente, que o despreze? O que é que se deixa e que corre o perigo, também, de ser algo diferente em suas mãos, de não ser exatamente idêntico, de ser sempre outra coisa diferente daquilo que te foi dado?

Se te for deixada uma letra, uma palavra, um fragmento, centenas de fragmentos, uma voz que converte a língua em uma sensação do mundo. Não, não deixe que isso que te dão seja uma concepção do mundo. Peça, isso sim, que te deem uma sensação do mundo. Uma sensação do mundo, que é o mesmo que dizer: uma infinidade de sensações do mundo. Porque ler é uma sensação do mundo que se deixou escrever em um gesto indecifrável. Não decifre esse gesto, não. Mais vale abandoná-lo e abandonar-se em seu mistério. Nenhuma sensação pode ser uma cifra, é um movimento: saltos, tropeços, viradas, encruzilhadas, verdades à prova de milagres, milagres que se cozinham sem verdades à vista.

E aqui parece não haver outra coisa além da presença exagerada do conceito, isto é, o não poder balbuciar, murmurar, mas fixar, decidir. Perguntarão a você: O que pensa de tudo? Obrigarão você a responder: Que opinião possui a respeito disso e daquilo? E quando você tentar dar suas sensações, quando quiser deter-se na ambiguidade de cada palavra, lhe dirão que já não há tempo. Isso é o conceito: a imperdoável falta de palavras ante a repetida ausência do tempo.

Ter uma sensação do mundo quer dizer, apenas, que se pensa com o corpo. O conceito é a distância que se estabelece entre seu corpo e o mundo. Ler, talvez, seja o modo mais sensível de tornar a abrir seu corpo em meio ao universo.

Ler como solidão.

Essa mão te deixa algo que te indica, que te sugere, que ali mesmo, nesse gesto de abrir um livro, talvez haverá algo, algo que não é seu nem dessa mão, um livro, qualquer livro, que pudesse te desnudar ou, ao menos, dar ver a misteriosa nudez do humano.

Esse gesto deixa você, também, só, a sós. Em algum momento você terá que estar só. Nem sempre terá que estar sustentado pela mão do duplo gesto de escrever e de ler. Em algum momento, você terá que ser olhos-letra, olhar-coruja, beco sem entrada, ar de aridez. Gesto só. Leitor só. Escritor só. Solidão só.

Porque: "O livro é a ausência do mundo. À ausência do mundo que é o livro soma-se essa ausência do mundo que é a solidão. O leitor está duas vezes só. Só como leitor, está sem o mundo" (QUIGNARD, 2008, p. 40).

Esse mundo já não está mais. Esse mundo do que é imediatamente tão urgente como desnecessário, tão enfático como pueril, tão premente como sem sentido caiu no abismo da leitura. E na leitura volta a perder-se. Já não há mundo. Já não há esse mundo. Há, isso sim, solidão que abriga e deserta; solidão porque se trata de um gesto que você não vê. O livro já está aberto. Não há mais ninguém, não há mais nada. Inclusive o livro não é, não está, não permanece na leitura.

Porque: "A atenção provocada pela leitura do livro [...] se emancipa do livro. O livro cai [...] O livro desapareceu. O mundo não regressou" (QUIGNARD, 2008, p. 41).

E é que a escrita anterior à sua leitura já foi, ela mesma, solitária solidão. Solidão não de criação, mas sim de palavras que não regressam. Solidão não já do autor que vacila, senão da vacuidade da língua. Ainda nessa escrita já há algo que não acontece, já há algo que não se escreve. Também na escrita há duas vezes solidão.

A escrita, assim, como substantivo, é algo que não ocorreu nem ocorrerá jamais. Sua inexplicável, bela e obsessiva persistência não é mais que uma prova disso. Se fosse possível a escrita, já estaria escrita. Porém, na realidade, a escrita se derrama, se dissipa, é fantasma.

Porque: "Escrever terá a ver com algo que não ocorre nem ocorrerá jamais. Porque o ponto final é tão absurdo como é qualquer vacilação que começa vocálica e acaba padecendo por excesso de fé. E a fenda entre o escrito e o por escrever, não é que seja mais extensa, mas cada vez mais fenda. Ademais, tudo poderia perder um mau dia. Escrever poderia ser negar-se a esse dia. Ou mesmo dissipar-se com ele" (SKLIAR, 2011, p. 66).

Ler como sabor.

Mas: Qualquer fragmento, em qualquer livro?

Sim, qualquer um.

"Na verdade, o único conselho sobre a leitura, que uma pessoa pode dar a outra é que não se deixe aconselhar" (WOOLF, 2009, p. 233).

Um fragmento em um livro é outra vida em outro tempo, em outro lugar. Esse livro é qualquer um, porque qualquer um é o tempo, qualquer um o lugar, qualquer um pode ser a vida de qualquer um.

Sim, qualquer livro. Por exemplo, os muito sublinhados, os muito amarrotados, os muito abertos. Ou os nunca abertos. Ou os livros que se escondem e é preciso procurá-los. Ou os que insistem em ser única leitura. Ou os que te confinam a uma hora que não começa nem termina, porque te oferece a inexplicável sensação do durante, da duração sem hora, dessa hora intrigante do sem antes e sem depois.

Não, qualquer livro, não. É que nem tudo pode ser livro, ainda que vista essa roupagem. Pode haver letras, pode também haver a precisão de um ourives, mas não haver gesto. Pode esboçar um gesto, sim, mas em seguida acabar, diluir-se em uma farsa mortal de quem escreveu não para que você leia, mas para que você seja um refém sem voz. Pode ser que nem toda palavra fique impressa em seus ouvidos. Pode ser que esse livro não seja senão um fogo de artifício. Que te prometa felicidade, destino, conquista, a absurda negação da morte que não é, senão, a igualmente absurda impossibilidade de afirmar a vida.

Há livros que não, não são gesto, mas condenação; livros que só querem te deixar ali onde você já está, preso de sua prisão, órfão de outras vidas. Livros escritos, sim, porém insossos, indigentes.

Ler é um gesto que algum dia saberá reconhecer por que há livros que sim, por que há livros que não. Assim como com as palavras soltas: se você gosta de "amor", não gosta de "infâmia", se gosta de "rosa", não gosta de "indústria", se gosta de "vento", não gosta de "ambição".

Gostar? O que quer dizer gostar nesse gesto de abrir um livro?

A leitura reconhece seus sabores. Aos poucos. Vagarosamente. A princípio, não sabe: mas cheira. Cheira o nariz dentro do livro, cheira o movimento das páginas, cheira esse cheiro misterioso do que se compreende e não se compreende de uma só vez. E aspira o vendaval da escrita. Cheira-se, sabe-se reconhecer esse odor como um odor desconhecido, então aspira-se a ternura de boas-vindas e a aspereza do adeus.

Depois, entre a umidade dos olhos e a vigília do tempo, começa-se a provar, a tocar, a percorrer o livro. Algumas palavras sabem à memória da amizade; outras, à aflição da promessa recém-pronunciada. Em outras palavras tem gosto de avós e de pátios e de amores que sim e que não, cheira a gotas de chuva fria e dores quase sempre estrangeiras.

O gesto é: abrir um livro. Não há segundo gesto. Em princípio, não há segundo gesto, não. O segundo não é gesto, é sabor. Porém, ainda é preciso permanecer no primeiro gesto. Porque não se vê demais. Porque insistimos que outro leia e não fazemos o gesto, nós mesmos. Não o fazemos.

Sem primeiro gesto, sem deixar de dar, não há escrita, não há leitura. Porque o primeiro gesto é abertura e detenção, pausa, pausa, muitas pausas.

Pausas de quê?

Da vertigem que é um gesto do desespero por precipitarmos à morte.

Da velocidade que é um gesto cansado de si mesmo.

Do turbilhão que é um gesto que não reconhece nem seu passado nem seu porvir.

Do atordoamento que é um gesto inexato em um caminho impossível.

Da pressa que é um gesto que nem vem nem vai, que perdeu, não o rumo, mas seus pés.

E do barulho, do tumulto, da gritaria que não são gestos mas sim sinais absurdos, irreconhecíveis.

Ler como abrir os olhos.

O gesto é, sempre: abrir um livro. Esse gesto é: a carícia, sim; a memória, sim; o deslizamento nem para fora demais, nem para dentro demais; o som, sim; o ritmo, sim; a voz, sobretudo, a voz. A voz que cada um haverá de ser.

É um gesto que abre um espaço algo mais tíbio e mais profundo que a pronúncia; mais suave e mais longo que a presença do silêncio; mais alto e mais indisciplinado que a pontuação.

É, um gesto, sim, um gesto. Se faz com a mão, mas, sobretudo, com o rosto. E, uma vez estando ali, no rosto, tudo ocorre descompassadamente: talvez chorar, porque algo-alguém morreu ali onde o olhar não pode deixar de ver;

talvez rir, porque algo-alguém se disfarçou ou caiu no abismo do absurdo; calar, porque algo-alguém fala; escapar, porque o labirinto não te dá respiro e porque é demasiada a noite do que ali está escrito.

Algo, alguém?

Algo-alguém que você não foi nem será, nem poderá nem quererá, talvez, ser. E, no entanto, nessa distância que não é lonjura; nesse próximo que é proximidade, há comoção, há intimidade, há desejo de ser outro, há passado que é presente, há presente presente, há destinos aos borbotões. O gesto seguirá sendo, sempre, abrir um livro.

Talvez para fechá-lo.

Talvez para guardá-lo.

Talvez para tornar a dá-lo.

Talvez para relê-lo.

Talvez para perdê-lo.

Talvez para não encontrar-se.

É um gesto porque está na mão, está no rosto, porém, mais ainda, nos olhos.

São os olhos que traduzem, os que conduzem as histórias até a interioridade do corpo.

E o gesto, o primeiro, o de abrir um livro, é, antes de mais nada, um gesto sensorial: abre-se um livro e, de uma só vez, abrem-se as pálpebras, sim, as pálpebras. E logo se abre a boca surpreendida ou ameaçada. Uma mão deu a você um livro e agora seu corpo é a sensação de ler, não é outra coisa, não, senão a sensação de ler que está no corpo.

Porque o corpo começa nos olhos. Nos olhos que veem. Os olhos veem o quê?

Não, não veem, são vistos. São vistos sem pressa, sem ostentação, porém, sem respiro. Não te dizem como há que se ver, mas sopram ao seu ouvido o que querem que você veja. Seria melhor não fazê-lo? Não te indicar, não te sugerir, não te desejar o que ver? Não, não vale a pena ensinar. Ensinar como indicação, como signo que aponta para algum lugar. Ensinar o modo pelo qual você eleja ser visto por *outros*.

Olhos vistos por crianças-prodígio, mensageiros sem rumo, débeis homens enamorados de mulheres fugidias, avós que já não se recordam de si mesmos, mas que ainda amam o tempo em que isso, talvez, ocorreu; moças em pé-de-guerra e aos pés do desejo; escreventes que prefeririam não fazê-lo; cegos de bengala e cegos de fúria; a insistência e a persistência da infância.

Olhos vistos por povoados de nomes impossíveis, por desertos, penhascos, edifícios em ruínas, oceanos que não vão nem voltam, labirintos, encruzilhadas, lugares próximos que, ao fechar do livro tornam-se alheios, inalcançáveis.

Olhos vistos pela guerra, decrepitude, assombro de um abraço, abandono, ciúmes, amargura, infinito, chuva que nunca deixará de recolher-se, tempo inventado em outro tempo, um que é sempre outro, o outro que é sempre outro e mais outro, e mais outro.[4]

Olhos vistos, inclusive, por tudo aquilo que não terá nome, mas que poderá, algum dia, dizer-se com sua própria voz, na sua vez, em seu ritmo, com essas palavras que só nascem se se encarnam, se estão encarnadas, desossadas, decididas.

E, então, sim.

Agora que o universo entrou por seus olhos (de que outro modo mais belo você poderia ser visto?), agora, sim, os olhos veem seu próprio tempo, seu próprio espaço. Não cotejam, veem. Não se desiludem, veem. Não conceituam, veem.

Porém: Terá que decidir entre o livro e o mundo? Terá de deixar o livro para estar no mundo? Terá de abandonar qualquer pretensão de mundo para manter-se no livro?

"Pois o livro é um mundo em falta. Quem lê a livro aberto, lê a mundo fechado" (QUIGNARD, p. 78).

Abrir um livro. Abrir o mundo. Esse gesto tão ínfimo, tão mínimo, que sua ausência não se vê, que sua falta não parece ser. Não abrir um livro passa despercebido, passa através da ninharia, passa e se vai e já quase não se recorda.

---

[4] Porque: "Toda palabra designa al otro. De entrada, una palabra altera, produce todas las alteraciones, contemporiza con el prójimo, provoca alteridad. El movimiento que nombra al otro altera. El movimiento que nombra al otro altera ese movimiento y al otro" (QUIGNARD, *ibidem*, p. 56).

Leituras

Ler para ressuscitar os vivos.

Antes, muito antes de fazer o gesto, de dar a ler, de deixar um livro, escuto a temível e terrível afirmação. A criança não entende, é inútil o gesto. Ser criança pressupõe não entender. As crianças não entendem o que há em um livro? Será melhor que leiam depois, mais tarde, mais adiante, nunca?

"Penso nos livros. Como entendo agora os 'estúpidos adultos' que não dão a ler às crianças seus livros de adultos! Até bem pouco me indignava sua suficiência: 'as crianças não o entendem', 'é muito cedo para as crianças', 'quando crescerem, descobrirão'. As crianças não o entendem? As crianças entendem demais!" (TSVIETÁIEVA, 2008, p. 81).

Já sei: você me dirá que esses olhos não veem, que esses olhos não podem ver. Isso não muda as coisas. Não muda o gesto. Muda, apenas, o modo como a mão, sempre oculta, sempre quase ausente, dará a ler.

Esses ouvidos não escutam, não podem escutar? Isso não muda as coisas. Porque o livro que se dá através da mão que desaparece, é uma mão que, então, deverá ensinar, ensinará por sinais.

Esse corpo não se move, está imóvel? Isso não muda as coisas. Terá de aproximar-se, terá de conseguir que a mão tencione um pouco mais seu movimento. E terá de retirá-la, talvez, mais depressa.

Não terá de buscar desculpas, porque o gesto é único, mas não é apenas um. Terá de disseminar o gesto, multiplicá-lo não por si mesmo, senão por suas variedades, suas variações: o gesto da mão que escreve, o gesto de dar a ler, o gesto de deixar ler, o gesto de ler, o gesto de abrir um livro. Ler é um gesto que apenas pressupõe, dificilmente quereria, *ressuscitar os vivos.*

O gesto para quê?

Para não esquecer-se do humano.

Para que o humano não se negue ao humano.

Para não esquecer que estamos vivos.

67

COLEÇÃO "EDUCAÇÃO: EXPERIÊNCIA E SENTIDO"

Ler sem poder deixar de fazê-lo.

Leio. É como uma doença. Leio tudo o que me cai nas mãos, os olhos para baixo: jornais, livros escolares, cartazes, pedaços de papel encontrados pela rua, receitas de cozinha, livros infantis. Qualquer coisa impressa (KRISTOF, 2006, p. 9).

No final das contas, toda palavra ressoa, também, no olhar. As palavras são escutadas, sim, mas, além disso, cegam ou despertam ou fazem piscar os olhos ou, inclusive, não deixam dormir, adoecem.

Por exemplo: há uma mulher ajoelhada com o olhar cravado no chão e um cartaz entre suas mãos (*estou grávida de trigêmeos, tenho fome*); há um homem, alguns passos mais adiante, com a mesma gestualidade, mas com outro cartaz (*minha família está longe e não tenho dinheiro para reunir-me com ela*).

É possível perceber os joelhos feridos da mulher apoiada sobre o chão indigno da miséria e esse olhar perdido entre dois mundos do homem como indicadores, como uma flecha que aponta somente para a ideia da dor e de produzir, sem mais, o encolhimento dos ombros ou a comiseração de um dinheiro sempre insuficiente.

Mas também as imagens, aquelas imagens, abrem os olhos, dando passagem para uma recordação que poderá ser tênue ou persistente.

É nesse momento, sobretudo, em que não se pode deixar de olhar nem de olhar-se. O mundo se desfolha, o mundo se evapora, o mundo não sobrevive, o mundo está partido, mesmo que o amemos, mesmo que nos eduquem e eduquemos.

Outro exemplo: no meio do caminho outro cartaz chama à atenção: *Ajuda ao sul*. A imagem é inconfundível: uma menina com traços indígenas, à beira de uma choradeira sem fim, e nada mais. Como se o sul fosse, unicamente, a tristeza em lágrimas, a desolação, o desamparo.

Mais adiante, outro cartaz de maior tamanho e mais colorido promove um livro que leva por título: *Seja você mesmo*, um texto de uma criadora de manuais de autoajuda; e um pouco mais adiante, o último dos cartazes: a imagem de um jovem sorridente que, em alusão aos desejos para o próximo ano, diz, procurando cumplicidade: "Ensinaria à minha professora de ioga uma nova posição."

Parece que durante o caminhar não se pode deixar de ler, como se ler fosse também um movimento de braços e pernas, uma respiração entrecortada e agitada. Mas, é certo que não se trata aqui da leitura como interpretação, nem da leitura como informação, mas desse gesto tão particular de olhar para alguma coisa, quase sem querer, alguma coisa que depois permanece na cabeça como um murmúrio incessante. Algo da leitura que gostaríamos de não ter lido.

Nesse sentido, uma notícia: na página 34 da edição de domingo, 8 de janeiro de 2012, do *El País* da España, com o título: *Guerra aberta pelo preço do livro*. O que chama à atenção – e incomoda, perturba – é a fotografia de Gordon Willoughby, diretor da Kindle na Europa, cujo sorriso satisfeito acompanha suas palavras: "Observamos que se leem textos mais longos e que os donos de um Kindle leem até três vezes mais graças ao aparelho".

Não agradece aos leitores, muito menos aos escritores, nem à sua obra. Tudo acontece graças ao aparelho, ao aparelho para ler.

Desisto dessa forma de pensar. Se a assumo, também deveria acreditar que a comunicação não se dá graças às pessoas, mas às redes sociais, que a informação não é graças a ninguém em particular, mas à velocidade de transmissão, que a conversa não depende do desejo, mas da conectividade.

Mas talvez Willoughby tenha razão: o mundo em que vivemos se deve aos aparelhos que temos, com os quais nos vamos parecendo, pouco a pouco, cada vez mais, como numa espécie de profecia de fora para dentro.

Somos, assim, nós mesmos: a tecnologia que põe em funcionamento a tecnologia que nos põe em funcionamento.

Ler como pedido.

Pedir para ler. Nem como convencimento, nem como obrigação, nem como súplica. Mesmo que seja certo que o ensino é de algum modo convencer, de algum modo obrigação e de algum modo súplica. Mas não neste caso. Pedir para ler, antepondo o dar a ler. Seria possível dizer assim: como é verdade que sentimos paixão pela leitura, por certa leitura, nós a oferecemos, nós a damos, simplesmente. Não haveria outro condimento. Não há.

Trata-se do desejo da transmissão de um signo, de signos – a leitura – mediada por um desejo quase pessoal – o de ler. Esse desejo tem sua travessia, não é novo, não é de agora, que somos professores, não tem a ver com o caráter de necessidade da leitura, não se submete às inovadoras lógicas de formação: lemos e gostaríamos de dar a ler e conversar sobre a leitura.

Lemos e gostaríamos que os outros lessem.

Lemos e desejamos colocar a leitura no meio de nós.

Mas alguma coisa nós fazemos mal, fizemos mal. Onde está nosso desejo de leitura e como expressá-lo numa conversa cujo ponto de partida e ponto de chegada é a doação da leitura? Como transmitir a leitura, já não no sentido de utilidade, mas no de *doença*?

E dói saber que a leitura tenha se transformado na falta de leitura, no esquecimento da leitura. Provoca certo mal-estar quando a leitura se faz somente por obrigação e já não é mais leitura. A alma se retorce, ao perceber que a leitura se transformou em somente estudo, ir ao ponto, ir ao grão, ir ao conceito determinado.

As instituições contribuíram muito para que a leitura vá se dissecando cada vez mais e, assim, se secando quase definitivamente. Em vez de leitores se buscam decodificadores; se valorizam as vozes impostadas; se tem criado verdadeiros redutores de textos. É por essa razão que a pergunta pelo leitor do futuro se faz necessária, em parte incômoda e, principalmente, chocante.

Então: que leitor será o que virá ao mundo, se é que vem? Essa é a pergunta feita por Nietzsche há tempos em *A origem da tragédia*: "O leitor do qual eu tenho direito a esperar algo há de reunir três condições: deve ler com tranquilidade e sem pressa; não há de ter presente exclusivamente sua ilustração, nem seu próprio eu; não deve procurar como resultado dessa leitura uma nova legislação" (NIETZSCHE, 2000, p. 173).

Ler com tranquilidade, detidamente, sem apuro; livrar-se daquele *eu* que lê e daquilo que já sabe; evitar a busca da lei no texto. Como ressaltar a tranquilidade diante da leitura, em meio às tempestades desta época? O que fazer para esquecer o *eu* num mundo em que o *eu* se tornou a única posição de privilégio? Como ler sem procurar regras, sem procurar leis, sem procurar por aquilo que alguns chamam de Verdade ou Conceito?

Quem lê deixa de lado aquilo que já está traçado de antemão, carrega seu corpo com palavras que ainda não disse e morde o cheiro da terra, aproxima-se mais do que imprudentemente da morte e sorri porque é dia em plena noite, porque chove sem nuvens, caminha sem ruas, ama o que nunca foi amado, acompanha o desterrado ao seu exílio e se despede, sem mais nem menos, de tudo o que não havia lido ainda.

Por isso, não se pode fazer outra coisa senão convidar à leitura, dar à leitura, mostrar a leitura, apontar a leitura. Toda tentativa de fazer ler à força acaba por retirar forças de quem lê. Toda tentativa de obrigar a leitura obriga o leitor a pensar em tudo aquilo que gostaria de fazer, deixando de lado, imediatamente, a leitura. É preciso deixar em paz o leitor quando se trata de ler.

E constatamos que hoje se dá a ler se obrigando a ler. Por meio do método obstinado, da concentração e contração violentas, do sublinhado dócil e disciplinado, da busca frenética pela legibilidade ou pela hiper-interpretação, na perda da narração em nome do Método; é ali mesmo, onde a leitura desaparece e é ali, também, onde desaparece o leitor e se fecha o livro.

Mas também há que se dizer que a figura do leitor se revestiu de certa arrogância, de certo privilégio: é o leitor que sabe de antemão o que vai ser lido, o que não se permite nem quer se surpreender, o que quer continuar sendo o mesmo antes e depois de ler, o que "parece já haver lido cada coisa que é escrita", como bem sugere Blanchot: "O que mais ameaça a leitura: a realidade do leitor, sua pessoalidade, sua falta de modéstia, sua maneira cruel de querer continuar sendo ele mesmo frente ao que lê, de querer ser um homem que sabe ler em geral" (BLANCHOT *apud* LARROSA, 2005, p. 57).

As duas onipotências da leitura, a de *ir estritamente ao ponto* e a de ler *já sabendo o que será lido*, confinam a leitura a uma prática desbotada, uma leitura sem leitura: a perda da aventura, do tremor, do perigo. Em síntese: o abandono da experiência de ler. Uma experiência perdida que, nas instituições, abandona o livro à sua própria sorte, à sua própria morte.

A leitura e suas moradas.

Fui à livraria procurar o livro *Tumbas* de Cees Nooteboom três ou quatro vezes, porque três ou quatro vezes dei meu exemplar de presente a outras pessoas. Como quem presenteia um texto que se percebe próximo e sente a necessidade de que não se detenha, que não escureça, que não seja somente o segredo de uma propriedade privada.

Trata-se de um desses livros que podem ser lidos e, com a mesma intensidade, dado a ler a outros. Um livro de passagens. A travessia que se cria entre leitores. A trajetória que empreende um livro, para além de uma idade específica, de um instante particular e de uma geração singular.

Com *Tumbas* é possível sustentar uma extensa conversa a propósito da vida; da vida que já passou, do que aconteceu conosco, da vida que ainda está acontecendo e que insiste em permanecer: uma conversa sobre a cerimônia de umas boas-vindas e de um adeus que nunca acabam. Sobretudo o adeus.

A propósito: "adeus" é uma palavra muito pequena e excessivamente concludente e, entretanto, pode ser pronunciada e sustentada infinitamente, retida sempre entre os lábios e a língua que a pronunciam.

Eu me pergunto se *Tumbas* não é, entre outras coisas, um livro sobre o adeus, sobre o amor e sobre a saudade. Um adeus aos corpos que já não estão, ao amor que ainda alimenta o fio de uma conversa com alguns pensadores e poetas, a saudade de um tempo, ao qual podemos regressar de quando em quando, mas sem jamais recuperar sua atmosfera.

Cees Nooteboom passou um longo tempo visitando tumbas de poetas e pensadores e seus relatos sobre essas visitas – junto às fotografias de sua companheira Simone Sassen – estão escritos com uma beleza e uma profundidade inigualáveis. Ir mais além significaria deambular por aquilo que passa de um olhar a outro, de uma escrita a uma leitura, de uma leitura a outra escrita diferente.

Ao ler *Tumbas* podemos pensar que uma grande parte daquilo a que chamamos *mundo* está por debaixo da terra e que aquilo que permaneceu sobre a terra se tornou muito menos interessante. Como se nessa época (seria época ou idade, isto é, minha idade?) o importante seria lembrar mais do que agir, vasculhar no passado, mais do que imaginar o futuro, ler o escrito, mais do que escrever o que alguém lerá mais tarde, contemplar mais do que intervir, escutar, mais do que falar.

É possível que haja uma época ou uma idade particular em que essa revelação se manifeste com total lucidez e nudez: sabemos que é impossível avançar tudo o que gostaríamos e que chega o momento em que o que mais desejamos é nos deter, nos demorar: a morada da pausa, o distanciar-se da vertigem e do barulho.

Visitar tumbas procede de um gesto tão antigo quanto ambíguo: O que é que leva alguém a querer conhecer a morada de um poeta, de um pensador? Honrar o passado como único tempo vital? Querer conhecer o que foi de sua vida além de sua morte? Constatar que a atualidade de um escritor ou de um pensador é também certa forma de atualidade em sua tumba, sobre sua tumba, ao redor de sua tumba? Saber se há sinais de outras visitas? Somar-se a uma celebração que tantos outros já realizaram, deixando suas infinitas mensagens de lembrança?: "Para mim são vozes vivas. Jamais entre milhares de lápides funerárias tive a sensação de haver visitado um morto" (Nooteboom, 2007, p. 19).

É certo: como supor que Keats ou Celan ou Kafka ou Woolf ou Cortázar estão mortos? A quem ocorreria confundir a pura anatomia de um corpo vazio com esse rio que flui de novo e de novo, através da memória e da leitura? Eu me pergunto, ainda assim, se visitar tumbas não é, de certo modo, visitar a morte, aquilo que a morte tem de vivo, de vital: "Aquele que visita a tumba de um poeta empreende uma peregrinação por suas obras completas" (NOOTEBOOM, 2007, p. 21).

Se é verdade que a vida nos importa, então, será preciso visitar tumbas.

Antes, muito antes daquilo a que chamamos *mundo*, algo havia: o rastro de respirações ainda não nascidas, um som incompreensível de lodaçal e atoleiro, tudo o que ainda não são corpos e, entretanto, era sonho. O sonho se repetia, de novo e de novo: eram pisadas sobre pisadas. O barro sonhava ser pisado. E tremia. E se fazia terra. A terra sonhava ser pisada. E suava. E se transformava em oceano. O homem sonhava com pisar. E se gabava. E julgava. De uma linha muito reta, partiu a primeira encruzilhada: um oceano que nunca sonhou ser pisado. E assim começou o mundo: de um sonho que não quis ser pisado. De uma escrita que, mesmo tímida, não queria ser esquecida.

Algum deus perdido e austero ou alguma comunidade fraternal de humanos decidiu, uma vez, por sorte, que aquilo que secasse com a morte fosse a voz ressecada, a voz nua, a voz apagada, sim, mas não a escrita. Seca a voz e viva a escrita, os pensadores e os poetas que perduram em nós reencontram sua razão de ser cada vez que os recordamos, cada vez que os nomeamos. Como se recordá-los ou nomeá-los fosse não só fazê-los presentes mas, sobretudo, torná-los presenças próximas e íntimas; corpos que voltam a falar, a nos falar, que retomam a palavra com essa voz que agora é a das mãos, a da tinta, a dos fragmentos, a das páginas, a dos livros. Como se nossa memória pudesse dar-lhes existência. Como se recordar fosse reanimar a vida do já existente. Como se a lembrança não fosse outra coisa senão uma conversa inextinguível.

Recordar os pensadores e os poetas que já não vivem é um modo diferente de povoar a terra, de fazê-la mais intensa e mais interessante, de habitá-la com aquilo que o humano tem de sentido e som, de fazê-la ainda mais fecunda. Incorporar o que muitos já descartaram. Como se pudéssemos aumentar a quantidade e a magnitude de vida, mas não a quantidade de vivos. Como se fosse possível, de certo modo, decidir a humanidade que gostaríamos de ter para além do ar, da água, da terra e do fogo.

Os pensadores e poetas cujas vozes se apagaram precisam – além de sua própria vontade e desejo – de certos gestos inconfundíveis dos vivos, de pequenos gestos anônimos, para voltar a este lado da terra: citá-los, recitá-los, debatê-los, aborrecer-nos com eles, inspirar-nos, às vezes aproximá-los demais e outras vezes pedir-lhes que se retirem um pouco, que não estejam tão presentes. Gestos mínimos que tecem a história de uma escrita, não mais em sua cópia servil ou travestida de novidade, mas no reviver permanente de um modo de haver-se pensado e escrito outra época, outra terra. O gesto: deixar-lhes passar de um tempo a outro tempo, não lhes interromper, não tirá-los do meio, fazer com que continuem existindo. O gesto: uma nova voz composta por centenas de vozes prévias.

Mas é que os mortos não estão mortos. Em todo caso, alguns deles foram esquecidos, destituídos de presente, arrancados de seu próprio eco. Talvez a palavra não seja "mortos", porque "mortos" indica fim, conclusão, evanescência. Talvez seja preciso perguntar-se: por que algo, alguém continua ou não continua? O que faz com que um corpo finito se sustente na obstinada lembrança de outros e desminta de vez em quando seu desaparecimento? Aquele que não continua morre duas vezes: uma vez em seu próprio tempo, na sua própria agonia; outra vez na maníaca imbecilidade do esquecimento.

Os mortos estão ao alcance da mão e é com eles que sustentamos uma conversa essencial. Pois: que mundo existiria sem o mundo? Graças a essas páginas de voz e letras dispersas no corpo é possível imaginar o desejo por vir, a vida por viver, o sonho por ouvir.

O inumano arrasa a memória e nessa avalanche de ignorância e de soberba ímpar, desaparecemos nós mesmos.

Talvez todo ensino provenha de uma infinita dúvida anterior. Toda luz, talvez, comece por debaixo da terra.

O labirinto da leitura.

> Uma noite de verão caminhava pelas ruas, que não sabia aonde me conduziriam [...] Não reconhecia nada [...] Caminhava entre muros de friso quebrado [...] Os sinos soaram doze vezes [...] Uma ponte apareceu diante de mim [...] Nenhuma pomba insone sulcava o ar dos becos alçando voo [...] Na manhã seguinte perambulei infrutiferamente, buscando as ruas pelas quais havia caminhado na noite anterior [...] Dava voltas errando o rumo a cada três passos [...] Não existe umbral diante da entrada do labirinto. Nada o anuncia [...] Não saímos ao encontro de nosso labirinto. Será ele que nos encontrará (GASPARINI LAGRANGE, 2010, p. 7).

Desse modo começa *Laberinto veneciano,* de Marina Gasparini. Inicia com sua própria perda e seu inútil desejo de reencontro. Começa, também, com um alumbramento que se vai atenuando, com um passeio, que em seguida desconhece a si mesmo, com uns passos firmes que pouco a pouco perdem sua estabilidade e tremem, com uma linguagem que está em seu labirinto.

Ao ler *Laberinto veneciano,* o primeiro que ocorre é um desvelamento: o labirinto se apresenta como o estritamente humano, não como um acidente, não como um desvio. Como se, na verdade, as linhas retas, os círculos, mas também as latitudes e as longitudes e inclusive os mapas não fossem mais que aquele artifício com o qual dissimulamos o humano.

Salvo o nascimento – cuja direção é para frente – e a morte – que é para baixo e para todos os lados – tudo o que acontece e tudo o que não acontece se deve ao labirinto: o mundo é um labirinto, o amor é um labirinto, os sonhos são um labirinto, a arte é um labirinto, o eu é um labirinto. A linguagem é um labirinto.

Três coisas nos impedem de habitá-lo, sem aparente desesperação: a falsa moral, a opulenta ciência e a mortífera indiferença. E três coisas nos levam de volta ao labirinto, sem que possamos fazer nada a respeito: nosso permanente exílio, a infância que não está mas é e o amor doloroso que professamos pelo impossível e pelo indizível.

É curioso: diante de um mundo cada vez mais mudo, mais urgente e mais desesperador, que a cada segundo se orgulha de ter encontrado saídas para entrada nenhuma, adjetivos para nenhum substantivo, vozes sem ninguém dentro, o labirinto passa a ser uma das poucas figuras da história nas quais valeria a pena pensar: a reconstrução do mundo como labirinto em si, para poder afirmar ou confirmar que não existem sinais nem símbolos que apontem para frente ou para cima; uma visão do mundo que não seja o esconderijo miserável da complacência, nem o olhar altivo de onde tudo passa a ser pequeno e menor, nem muito menos o acatamento de que o humano só pode encontrar-se fazendo filas, ou diante da televisão, ou nas vitrines das lojas de ofertas, separados irremediavelmente por uma tela que não é da tecnologia, mas de nossa pele.

O certo é que estamos sós: sejamos um, dois, ou três mil. Na tormenta, no furacão, no tumulto, na multidão, no canto mais escuro de nossa casa. Sós como a noite estritamente só. Não há política nem poética que mude nossa imensa condição de solidão.

Sim: por acaso é possível dissimular a solidão, desviá-la por um instante, contar um relato de contínua companhia, amar-nos para encurtar as sucessivas distâncias. Mas o pranto é só, as costas estão sós, a lua ilumina a parte menos profunda da terra, o penhasco cai abrupto para um mesmo lado. Somos a solidão que se desperta e se adormece. A vida é esse labirinto de corpos solitários. A solidão, como condição e como destino; a solidão onde só encontramos companhia no naufrágio: "Através de Veneza me olho, e então percebo que o doloroso é ter desejado superar as perdas e dissimular suas fraturas. Escondemos nossas emoções como as águas cobrem os degraus dos palácios que um dia estiveram à vista. Veneza está afundando e nós a acompanhamos em seu naufrágio" (GASPARINI LAGRANGE, 2010, p. 32).

O labirinto é a experiência da dúvida que o mundo nos arremessa contra nossas certezas inabaláveis, contra as afirmações altivas, contra os rostos infames da verdade imposta e contra essa estranha confissão do esquecimento. O labirinto é a pergunta rouca para as respostas já construídas de antemão. É a travessia que reúne o encontro com seu desencontro, a passagem que não passa e insiste em nos devolver ao ponto de partida, o caminho cujas pegadas devem voltar a serem pisadas, a geometria indomável da memória e suas inconstantes paixões.

Não é possível sair do labirinto, simplesmente porque não há nada fora, não há mundo, não há vida, não há o humano. Aqueles que tentam, se desesperam e emudecem. Aqueles que acreditam que conseguiram dele escapar se refugiam numa linguagem torpe de meias palavras. Aqueles que estão seguros de que não há nenhum labirinto e continuam seu rumo de soberba esbarram a cada instante em suas próprias costas. Não é possível sair do labirinto porque a vida não é uma tomada de decisão empresarial ou publicitária, nem uma maldita vontade de superação da morte, nem um permanecer satisfeitos na quietude do marasmo.

"Veneza se fecha a nós e se abre a nós, nos escorre como a água sobre a qual se levanta. Nunca estamos seguros do que vamos encontrar no nosso passo: conhecer a cidade não nos oferece garantia de não errar o caminho. Cada viagem a Veneza é a primeira vez" (GASPARINI LAGRANGE, 2010, p. 49). Veneza como labirinto, errando o caminho, como se fosse pela primeira vez. O labirinto como o amor, como o amor para algo ou para alguém, o amor como labirinto. O amor que inicia sua longa viagem desde qualquer ponto para nenhum lugar; o amor que é o vaivém, a tempestade, o tremor da água embaixo, o inoportuno das pontes, o regresso para nós mesmos, o impossível juramento do esquecimento. O amor e sua morte: por isso estamos presos e as dimensões de nossos cárceres – como escreve Gasparini – "são equivalentes à desmesura interior que nos encadeia" (GASPARINI LAGRANGE, 2010, p. 45).

Existem tantos labirintos que é impossível supor a exemplificação contrária: pintores, poetas, músicos, filósofos, amantes, errantes, piedosos, deuses, arquitetos. Todas as vidas se movem entre labirintos: o labirinto das almas que mal se reconfortam com suas indecisões e sofrem; o labirinto da língua que escreve e escava e morde e não conclui jamais o poema; o labirinto das paixões que se desencadeiam para o vazio; o labirinto da voz que não acaba por expressar-se; o labirinto da memória que lembra e esquece ao mesmo tempo.

Algumas coisas começam pela palavra e continuam o caminho da sensação, da percepção, do conhecimento. Outras coisas nunca são palavra e mesmo assim exibem a dupla forma de seu desassossego e de seu encantamento. O labirinto é tudo, porque é detenção e é movimento: trata-se de olhar-nos nos olhos, não de conhecer-nos; trata-se de dar-nos palavras, não de negociar o espanto; trata-se de cruzar os olhos, não de cruzar os braços.

As linhas que nos sulcam – pelo dever, pelo cumprimento, pela necessidade, pela vida que passou – nos deixam rugas. Mas não só. Também nos oferecem a possibilidade da narrativa, do relato, do contar o que nos acontece: "Lembro-me de um vidro banhado pela chuva e atrás dele estava a menina que nas tardes de tormenta aprendia a ler nos sulcos formados pela água. Nas prolongadas tardes do trópico, as palavras são vozes nas quais nossa imaginação se assenta e começa a contar histórias" (Gasparini Lagrange, 2010, p. 73).

Entrar ou sair do labirinto não é a questão. Trata-se, isso sim, de sustentar – sem a grandiloquência dos heróis, nem a forçada apatia das vítimas – esse estranho relato de uma vida que permanece no meio do labirinto. Um labirinto que é, então, a forma disforme que assume nossa língua e nossa vida para poder ser narrada.

Ler entre idades.

Convidei um estudante para irmos a um bar próximo à faculdade para conversar sobre uma leitura em comum. Nós nos sentamos e nos olhamos, eu um tanto incômodo, desajustado. A mesa era pequena, o lugar estava repleto de gente e ficamos muito próximos, numa proximidade com a qual eu não estava acostumado e me parecia, sobretudo, desafortunada.

— Fiquei surpreso que você conhecesse este livro — disse, para dizer o evidente, o que já estava dito.

— Perdão, professor, mas parece que o senhor se surpre-ende o tempo todo.

Seu rosto era limpo, sem marcas. Agora que nos olháva-mos pude ver aquela expressão aberta, sem rodeios, impecável.

— Por quê? — perguntei.

— Se o senhor me permite: às vezes tenho a sensação de que na sala de aula o senhor fala sozinho, fala para o senhor mesmo. Por isso, quando o interrompem, é como se o distraís-sem e o senhor não gosta. E como fala sozinho, qualquer coisa que outra pessoa diga e que se pareça ao que vai dizer ou ao que estava pensando, lhe surpreende.

— Puxa... o que você me diz me surpreende.

Rimos. Era um modo inesperado de iniciar uma conver-sa. Eu sentia que a havíamos iniciado pelo lado contrário. O estudante retomou sua seriedade. Mais do que sério, parecia reconcentrado.

— Na verdade sou eu quem me surpreendo.

— Por quê?

— Não imaginava que alguém como o senhor lesse o livro de Anna Lárina. Posso perguntar-lhe por que o lê?

Alguém como ele? De surpreso passei a desconcertado. Era de se supor que fosse eu quem devia ter o comando dessa conversa; era eu quem devia perguntar; era eu quem tinha essa mesma pergunta entre minhas mãos. Senti a estranha necessidade de explicar-me, de justificar-me.

— Bom, estou apaixonado pela vida de Anna Lárina, pela forma com que sustentou sua vida mesmo na adversidade mais extrema. Sinto admiração, sim, mas também uma indescritível sensação de afeto por ela. Além disso, meus avós eram russos, viveram na mesma época, e só os tive perto durante minha primeira infância. Ler esse livro de Lárina é como voltar a ter a oportunidade de respirar um pouco dessa atmosfera.

— Bom, o mesmo poderia ocorrer se o senhor lesse Lênin ou Trótski ou Tolstói ou Górki.

— Não, isso não me aconteceu. Talvez sim com Mandelstam ou com Pasternak... Mas, me diz uma coisa, por que você está lendo esse livro?

— Por outras razões, bem distintas. Sou trotskista, participo de um grupo da faculdade. Lemos coletivamente. Esse livro nos interessa particularmente, para entender como é que uma posição política se transforma, pelos excessos do poder, numa acusação de traição. Também estudamos o momento em que o Estado soviético se tornou totalitário. E nos interessa muito Bujarín: suas ideias sobre a economia, o intervencionismo, as mudanças na classe trabalhadora, sua completa rejeição à manipulação dos camponeses, enfim, sua escrita política. De alguma maneira, o livro nos dá detalhes, que não conhecíamos sobre a turbulência e a miséria política dessa época.

Parecia que não estávamos falando do mesmo livro, do mesmo texto, das mesmas páginas, dos mesmos fragmentos. Sim, com efeito, o livro atravessava todo aquele período em que as discussões sobre o papel do Estado soviético eram violentas e se tornaram criminais. Mas para mim elas passavam distantes, não porque não me interessassem, mas porque minha atenção se dirigia a outras questões: a sensação pela iminência do perigo, o sopro da morte que pairava ao redor, o problema moral de sustentar um ideal apesar de tudo; mas tudo isso por dentro de um corpo, encarnado no corpo de Lárina, não por fora dele, no Estado, no governo ou onde fosse.

— Lemos esse e outros livros para pensar novas formas de luta. A história reencarnada no futuro. Um modo de atualizar nossa intervenção política para frente.

Não deixava de reconhecer o interesse que poderia despertar esse tipo de leitura que propunha o estudante, mas também não me foi possível dissimular um inocultável abismo, uma fenda entre nós. Iván – assim se chamava – também sentiu a mesma coisa. Era como se em alguns minutos nos tivéssemos abraçado graças à existência comum da leitura de um livro e como se, também no final de uns poucos minutos, nos tivéssemos desprendido para sempre. Eu acreditava levar a pior parte: sentia-me não apenas incompreendido, mas, sobretudo, envelhecido.

Porque em algo ele tinha razão e disso não havia dúvidas: eu lia para trás, em direção ao passado e me detinha ali, nessa espécie de melancolia russa que havia herdado de meus avós. Não tinha escapatória: dirigia-me ao passado para, de algum modo, fazer-me infância, negar-me o transcorrer do tempo, procurar um ninho. Iván, ao contrário, lia de trás para frente, avançava, não ficava quieto no tempo em que as coisas aconteciam, seu tempo era o futuro: o mundo de amanhã que ele e os seus pretendiam. Eu lia o incompleto e ele a potência. Anna Lárina me comovia por sua fragilidade ou sua excessiva temperança; Iván estava seduzido pelo homem acusado de ser inimigo do povo, pelo homem intelectual, pelo homem militante, pelo homem comprometido até a morte com seu tempo. Anna não era Anna Lárina, era a mulher de Bujarín. Eu sentia exatamente o oposto.

Arrependido por ter me exposto desse modo, por ter mostrado minha anacrônica sensibilidade, chamei o garçom para pagar a conta e comecei a organizar meus papéis para minha retirada. Mas Iván não se movia, somente me observava.

– O senhor acredita que nos tempos atuais alguém poderia viver a vida que Anna viveu? Em nosso país aconteceram coisas parecidas e existem pessoas que padeceram quase a mesma coisa. Mas agora, digo, nestes momentos.

– Nestes momentos?

– Sim, me refiro aos jovens, bom, a nós. E ao nosso tempo.

Deixei meus papéis de lado. A conversa parecia continuar.

– É tão difícil responder a essa pergunta, Iván. Certamente haverá pessoas de sua idade que se importam, ou que saem às ruas, ou mesmo que se retorcem pela imoralidade dessa época, mas, não sei, vejo tudo muito quieto. Ou pior: vejo como se tudo fossem convulsões ou espasmos de novidades que, para mim, suponho que você me entenderá, são irrelevantes. Anna, ou a vida de Anna, também nos fala de gestos que já desapareceram ou que estão por desaparecer.

– Gestos? Quais, por exemplo?

– Neste momento me ocorrem alguns, mas, com certeza haverá mais que eu não percebo: uma infinita paciência, a compaixão, a rebelião – não a rebeldia – e certa capacidade para suportar a nostalgia, para sustentá-la. Mas falo de gestos, não de valores, não de proezas. O que quero dizer é que existem gestos de época que aparecem ao longo de uma sociedade num determinado tempo. E que Anna Lárina os tinha todos concentrados nela. Não acredito que agora...

– Tenho a sensação de que o senhor confunde a vida de Lárina com o relato que ela faz de sua vida. Discutimos isso outro dia na sala e nos deu a sensação de que alguns desses gestos, como o senhor diz, estão em nós, ou em alguns de nós. Mas essa forma de relato, não. Essa é a diferença. Não poderíamos, nem gostaríamos de contar a vida ou o mundo dessa maneira.

– De que maneira?

– Da maneira antiga.

– O que quer dizer a maneira antiga?

– O senhor sabe melhor do que eu: o amor abstrato por cima da luta concreta, os afetos idealizados na frente da responsabilidade política frente ao mundo, as sensações antes dos pensamentos ou dos conceitos. Nós o faríamos exatamente ao contrário.

A essa altura, eu tinha que ir embora, e é claro que queria fazê-lo. Certos tipos de conversas não fazem mais do que exigir traduções permanentes. Cada frase pesa, pelo menos, o dobro. Sentia-me na obrigação moral de dizer algumas coisas a Iván, mas não tinha forças. A força era dele. Eu estava esgotado. De certo modo ele tinha razão numa coisa: eu havia lido o livro de Anna Lárina por um lugar completamente diferente do dele. E não podia explicá-lo. Não poderia convencê-lo de que o que valia a pena nessa história era, justamente, a forma como Anna havia decidido contar sua vida? Que a maioria das vidas nem sequer podem ser contadas de nenhuma maneira? Que só o tempo dirime a questão das formas? Disse que tinha que ir-me. O estudante se apressou a recolher suas coisas.

– Professor, queríamos convidá-lo ao nosso grupo, para uma palestra. Nada muito formal. Reunimo-nos às sextas-feiras, pela tarde. Interessa-lhe?

– Depois, na próxima aula, falamos sobre isso.

Fui embora dali sem reparar que alguns colegas intrigados me observavam no bar. Senti-me incômodo, envolto em desânimo ao caminhar pelas primeiras ruas em direção à avenida. Ia descer na estação do metrô, mas não desci e continuei andando. Ao chegar à praça sem nada de verde, dei umas voltas pelas pequenas lojas de livros usados. Sempre escolho entrar na loja onde me cumprimentam. Era justamente aquela que expunha toda a produção marxista-leninista-maoísta editada pela *Fiebre Roja*. Ali encontrei, num canto, quase oculto, o *Ensaio sobre o cansaço*, de Peter Handke, na velha edição de 1990 da Alianza.

Abri o livro em qualquer página e li, confuso e atordoado, o que segue:

> Sim, logo surpreendi a mim mesmo numa arrogância fria, cheia de desprezo pelas pessoas, numa compaixão altiva e condescendente por aquelas profissões, aquelas profissões de verdade que na vida não levariam ninguém a um cansaço régio como o meu. Nessas horas, depois de escrever, eu era um ser intocável... intocável no meu interior, como se estivesse num trono, mesmo que estivesse no canto mais afastado. "¡Não me toques!" E no caso de que o orgulhoso com seu cansaço se deixasse tocar, era como se isso não tivesse ocorrido (HANDKE, 1990, p. 16).

Ler é reler.

Escrever é agora, hoje mesmo, neste momento, enquanto se escreve, durante a escrita, no presente. O outro é a reescrita, o fazer que busca seu ritmo no ritmo precedente, seu desenlace, a forma provisoriamente definitiva de uma edição por vir.

Ler é, ao contrário, releitura: "Ler recém começa quando se relê. Ler pela primeira vez não é mais do que a preparação para isso. Porque faz falta, para que haja leitura, para que a leitura deixe de ver a ela mesma como uma leitura, uma atividade específica, distinta do objeto que será lido, com a qual a primeira precipitação tende a confundi-lo, fundindo-se nela". (MESCHONNIC, 2007, p. 151).

Entre a primeira e a segunda leitura, entre a segunda leitura e as seguintes, acontece a diferença. Uma diferença que dá ao ler, como ao significar, sua emergência, sua formação, o sentido separado de seu objeto.

Afirmar a leitura como releitura não pressupõe determinar o que é o quê, não é o ler, mas sim o fato de dotá-la do gesto de diferir sempre de si mesma, reunindo assim as várias formas possíveis de relação entre o lido e quem lê. Como se ler estivesse vinculado, ao mesmo tempo, a duas tensões por descobrir: a de compreender o que acontece com o leitor quando lê e a de reconhecer o que acontece com a leitura quando se dá.

No primeiro caso, trata-se de adentrar na leitura para medir-se – e, para desorientar-se e para perder o rumo – diante da alteridade imprevisível do mundo, a alteridade sem fim da história, a alteridade enigmática dos corpos e a alteridade labiríntica do tempo.

O leitor põe à prova sua crença identitária na alteridade da leitura: a cada fragmento, a possibilidade de uma pergunta que começa sendo exterior e se interioriza até confundir alteridade com intimidade: de quem são, no final das contas, as palavras que dizemos; as frases que enunciamos; os sentidos que disseminamos? Aquilo que se lê na escrita é tanto a nossa linguagem como o é *nossa linguagem*? Ler, então, poderia ser uma experiência de alteridade, cujas consequências diferem de leitura para leitura, de leitor para leitor.

No segundo caso, a leitura tem a ver com sua prática e seu ato, não com um eu que a decifre, a partir de sua própria identidade: "Ela tem suas criações próprias, de sentido, e de sentido de sentido. Seus gênios, seus talentos, seus imbecis. Essas criações, então, segundo um ciclo de sentido, voltam à escrita" (MESCHONNIC, 2007, p. 153).

Enquanto a compreensão ou o pensamento envolvem o leitor, durante a leitura, a leitura se mostra potência da alteridade – ao passo que arremessa o leitor, sozinho, para o meio de um mundo, sem signos previsíveis nem disponíveis de antemão – no reconhecimento daquilo que acontece durante a leitura, surge a dimensão do sentido que o faz regressar à escrita, ao sentido do escrito – nesse meio tempo, é *ali mesmo* onde se revela ou permanece mudo e não na exterioridade do texto, no mundo.

Por exemplo: num seminário de pós-graduação lemos a *Vida y época de Michael K*, do escritor sul-africano Coetzee (2006). O propósito da leitura era o de adotar o romance no interior da bibliografia de um curso sobre as múltiplas e caóticas figuras da alteridade.

Recordemos que se trata de um relato com um personagem substancial – Michael K, de quem se diz que padece de certa debilidade mental e que nasce com lábio leporino – cuja única intenção parecia ser a de tentar passar despercebido ou inadvertido ao longo de uma longa travessia por uma África do Sul convulsionada.

No debate sobre a leitura surgiram alguns comentários que talvez permitem mostrar a radicalidade dessa tensão entre o que acontece com o leitor e o que acontece com a leitura:

– Trata-se de uma novela que nos faz pensar no maltrato e na incompreensão do mundo para com as pessoas frágeis ou débeis.

– Fiquei desolada na parte em que Michael K é internado nesse tipo de centro de reeducação ou hospício;

– Fiquei consternada pela má sorte de Michael K, como se nunca pudesse levantar cabeça, como se tudo lhe saísse mal, sempre;

– O autor nos ensina sobre a vulnerabilidade de um homem jovem que não pode nem quer participar das cenas da guerra.

– O mais importante é que o médico do internato percebe que já não existem no mundo pessoas como Michael K.

– Não entendi por que Michael K abandonou seu trabalho, e dadas suas dificuldades, pretendesse atravessar um país em guerra, sem armas materiais nem espirituais para poder defender-se.

– Por que as pessoas com deficiência mental se veem incapazes de outro trabalho que não seja o de garis?

– É comovente a sequência em que a mãe morre e ele espalha suas cinzas e se põe a caminhar como se nada houvesse acontecido.

– Perturbou-me fortemente a ideia de que Michael K se considerasse incapaz de transmitir alguma coisa.

– Os deficientes nunca fazem amor, sempre fazem sexo.

– Chorei sem parar quando terminei de ler o livro. De alguma maneira sinto que não posso me separar nem me despedir de Michael K.

– Havia necessidade de que, com todas as suas desgraças, Michael K também tivesse lábio leporino?

Por certo, há aqui uma pergunta anterior e óbvia em relação a esse tipo de leituras e suas armadilhas *didáticas*: que literatura não é alteridade? – mesmo quando existe a tentação de formular de outro modo a pergunta, como: que literatura não é *de* alteridade?

Uma resposta incorreta seria a de entender alteridade como particularidade subjetiva e, em sua versão extrema, identificar a alteridade com a loucura ou com a incapacidade, como é frequente fazê-lo. Chegarão a nós, assim, extensas passagens de obras literárias de referência que aludem a essa identificação entre alteridade e demência ou alienação, entre alteridade e cegueira, ou corpos amputados, cochos, etcétera.

Afirmar que a literatura é alteridade – e não de alteridade – supõe voltar a um provisório ponto de partida e retomar aquelas ideias expressas por Meschonnic sob a forma de tensão: que acontece, então, com o leitor quando lê? Que ocorre com a leitura quando é exercida e, sobretudo, relida?

A alteridade da leitura se faz presente, assim, duas vezes no gesto de ler: alteridade que chega ao leitor e diferença se fazem presentes na releitura.

A leitura e o medo.

O momento em que a linguagem sente e pensa, mas não fala. O instante único, indivisível, original no qual uma parte da linguagem provoca estupor, não diz, mas diz. O segundo em que a leitura se torna uma doença perigosa. A leitura.

> Em Fedro, Platão evoca uma estranha linguagem, para condená-la: Eis aí que alguém fala e, entretanto, ninguém fala; é, de fato uma fala, mas ela não pensa no que diz, e diz sempre o mesmo, incapaz de escolher seus interlocutores, incapaz de responder se a interrogam e de se socorrer se a atacam [...] Assim, Sócrates propõe que, dessa fala nos afastemos o máximo possível, como se fosse de uma doença perigosa, e que nos mantenhamos na verdadeira linguagem, que é a linguagem falada, em que a fala tem certeza de encontrar uma garantia viva, na presença de quem a expressa (BLANCHOT, 2009, p. 35).

Houve um tempo em que a leitura provocou certo tipo de compromisso existencial em relação à vida dos personagens contidos nos livros e, também, o fato de sair em busca de uma forma de vida pessoal que estivesse em consonância com eles. Aqui reside o caráter fundamentalmente pedagógico da novelística do século XVIII: um tipo de texto que serviria como uma orientação, como um guia de comportamento, um caminho moral com a cara voltada para o futuro; um tipo de texto que apresentava, também, não somente vidas virtuosas ou santas, como também viciosas e infames e que, por isso, se distinguia completamente dos dois outros gêneros literários habituais da época: a literatura religiosa e os tratados ou manuais prescritivos do comportamento.

Os moralistas e moralizadores de então, fossem os de estirpe religiosa ou os precursores dos bons modos, iniciaram uma guerra mortal contra os romances, por considerá-los atentatórios e desestabilizadores das vidas das pessoas e das instituições sociais.

Se as novelas refletiam insatisfação, desejos ambíguos, intranquilidade, desassossego, desconfiança, etc., era preciso criar um mecanismo pedagógico que se contrapusesse à infelicidade, à confusão, ao desdém, ao mais que provável caos e à perda de orientação existencial dos indivíduos leitores.

Mas o medo, o medo à leitura, o medo ao livro, o medo moral ao ler, o medo corporal ao ler e seus efeitos inesperados são muito anteriores ao surgimento daquilo a que chamamos literatura e daquilo a que chamamos novela.

Esse medo talvez tenha a ver com a impressão das palavras, com o abandono da oralidade em presença, com o que inspiram e conspiram as palavras detidas, com aquilo que se inaugura de inaudito, de solitário e de invisível no ato de afastar-se do ler, daquilo que conjura a exterioridade e que traça um vínculo inefável em relação entre a intimidade e a alteridade.

Medo como tremor, tremor como veneno: "Veneno lento [...] que flui pelas veias; a leitura era um rapto da alma. Esse arrebatamento, aos olhos do Criador, equivalia a uma perdição total e, mesmo que só durasse enquanto durasse a leitura, as chamas da eternidade não podiam lavar esse pecado" (QUIGNARD, 2008, p. 55).

O medo e seu tremor não desapareceram, ao menos para aqueles que ao ler se deixam arrastar pela experiência da leitura, pelos efeitos da leitura, pelo avassalamento ao *eu* que provoca a leitura. Como se, para além do espetáculo transformista da leitura e do leitor, ainda hoje, ainda agora mesmo, ler signifique, sobretudo, não querer trocar de página, não querer avançar no destino do texto, não desejar nenhum final, salvo puros instantes entremeios.

A leitura e o passado.

Não se trata unicamente de cemitérios, lápides e mortos, de presentes e de ausentes, de pulsões e de esquecimentos. Não se trata de um chão em que se pisa e outro, o seu outro lado, o vazio escuro e fundo onde se jaz. Não se trata de prestar atenção apenas ao mundo que está por cima: também está o mundo de antes, a anterioridade desse mundo.

Não é possível sentir e pensar o mundo por aquilo que ocorre somente em sua superfície, no aqui e agora estreito, na mesquinharia do presente. Também não é possível nem mesmo roçar de verdade a circunferência do mundo, se o tempo passado já não existe, se as pegadas são dissimuladas e se as heranças são pensadas apenas como tradições incólumes, detidas em sua data, confundidas com a ordem pétrea dos museus, dos tesouros ocultos e dos arquivos.

O mundo é um aroma de séculos. Uma pronúncia incessante. Para trás e para frente.

O mundo começa, talvez, ali onde não o vemos: em suas entranhas, em seus gases retorcidos, em seus átomos lúcidos, nos minerais que nos sustentam. O mundo está boquiaberto. Em sua duração, houve quem escrevesse essas palavras. Durante seu imenso lapso, houve quem imaginasse como é o mundo. Durante sua expansão, houve quem, ao viver, morresse.

O mundo se compõe de tudo o que, agora, vemos e escutamos e tocamos, sim. E o que vemos, escutamos e tocamos nasceu antes, antes de nós, muito antes do instante em que pudéssemos conhecê-lo.

Não há nada mais exato do que a morte: rígida e pontual, direta e extrema, absoluta e brumosa. Para além dos relatos que fazemos os vivos, a morte é a última prova de nossa impossibilidade de persistir, de insistir, de resistir. É curioso: por não poder ir mais além, foi preciso inventar o mais além.

Entretanto, o chão que pisamos guarda a música de todas as pisadas. Somente os soberbos, os petulantes, os que se gabam de sua fé inaugural não reconhecem que um caminho guarda a infinita memória de todas as encruzilhadas; que um olhar incorpora a tonalidade de todas as estações do tempo e que os passos são indecisões de milhares de decisões que outros tomaram.

O certo é que olhar para trás – ou inclusive para os lados – girar o rosto para o tempo que nos precede, ler sem conjuntura, ler sem o peso do atual, é um gesto já quase antigo, desusado, anacrônico, inclusive suspeito. Como o gesto de deixar passar a outro, de retirar-se do meio, de não ser guardião ou sentinela. Hoje o gesto está tão voltado para si mesmo, tão centrado em si mesmo que parece impossível que algo aconteça.

A urgência é tão torpe e de tal magnitude que, em boa medida, a vida já se fez rápida e a morte lenta. A pressa é uma rasteira que damos a nós mesmos. A aceleração do pulso, o ânimo incerto, o coração resguardado não são mais do que os signos de um corpo extenuado por ter que olhar sempre para diante, sempre para o progresso, sempre com o arco da alma tenso.

O adeus ao livro.

O fim do livro não é o final do livro.

Ao menos não o foi até agora. Pelo que sabemos, o livro foi capaz de sobreviver – como sugere Melot em *¿Y cómo va la muerte del libro?* (2007) – a suas próprias transformações, às proibições, às fogueiras, ao registro de sons, à televisão, à internet, às redes sociais e, inclusive, a seu parente mais próximo, o livro eletrônico.

Desde os tremores iniciais, dos primeiros leitores medievais até os estremecimentos atuais, talvez mais modernizados e mais ecléticos, o livro não parece ter tocado seu fim, nem parece encontrar-se no meio de uma agonia mais ou menos terminal. A não ser que a questão do fim do livro preanuncie, com ela, outros abruptos finais, isto é, a morte de certas imagens do leitor e das práticas de leitura, tal como as conhecemos em nossa época.

Mas: que pergunta é essa, a do fim do livro? Uma pergunta talvez quase como a da existência de deus, mas com respostas muito diferentes? Uma pergunta que parece ser, na verdade, o pré-aviso daquilo que se está abandonando ou já foi abandonado irremediavelmente? Uma pergunta cultural, literária, pedagógica, industrial, comercial, filosófica?

A questão chega mascarada até nós: se se tratasse de uma pergunta comercial ou industrial seria preciso responder que jamais os grandes monopólios editoriais venderam tanto quanto agora; se se tratasse de uma pergunta sobre o formato, aqueles que leem ainda estão em dúvida sobre se é possível ou não substituir o objeto físico por outros meios; se se tratasse, ao contrário, de uma pergunta sobre essa gestualidade do ato de ler, que se mantém mais ou menos intacta desde os tempos de Gutenberg, ainda será necessário dizer alguma coisa a respeito.

Ler, nunca se leu tanto. Leitores, jamais houve tantos, de qualquer coisa legível, como bem diz Alessandro Baricco em seu livro *Los bárbaros* (2008). É difícil adivinhar ou afirmar uma existência humana que não tenha pousado seus olhos sobre algum texto. Mais ainda depois da disseminação das campanhas mundiais, regionais, nacionais e locais de alfabetização e dos programas globais de leitura. É quase impossível que alguém não leia algo. Mas não é sobre essa leitura nem desse leitor que a pergunta pelo fim do livro toma corpo.

É certo que se podem ler os horóscopos, os jornais, os livros de autoajuda, as memórias daqueles que ainda não têm lembranças, as biografias não autorizadas, as conjunturas políticas, os *best-sellers*, as histórias de vida dos personagens políticos ou da televisão, etc. E também é certo que tudo isso é leitura.

Em todo caso, o que permanece é a pergunta pelo leitor que realiza uma experiência de leitura, não que apenas lê: qual poderia ser a diferença entre os leitores que leem e os que realizam uma experiência de leitura e, em todo caso, para que serve essa distinção em tempos como os que vivemos?

De um lado existem hoje mais leitores de certo tipo de material exterior do que literário, que procuram na leitura não tanto o tremor inaugural do desconhecido, mas uma resposta a certa pergunta sobre a atualidade e a conjuntura. Aqui é onde mudam e se bifurcam os sentidos atuais sobre os livros, o leitor e a leitura: conservar esse sentido apenas para o literário ou entender seu estalo através da hegemonia massiva da informação e da opinião?: "Se observasses uma classificação das vendas, encontrarias um número incrível de livros que não existiriam se não surgissem, digamos, de um lugar externo ao mundo dos livros [...] O valor do livro reside em oferecer-se como um abono para uma experiência mais ampla: como segmento de uma sequência que começou em outro lugar e que, certamente, terminará em outra parte" (BARICCO, 2008, p. 82-83).

O certo é que toda novidade ou mutação traz manipulada uma ou várias lembranças nostálgicas, em relação ao que se acredita ter sido ultrapassado ou está pronto para sucumbir ante a prepotência daquilo que chega a passos agigantados. Por exemplo: a espetacular comodidade e rapidez do e-mail deixou um varal de nostálgicos pelas cartas escritas à mão; as massivas redes sociais não deixam de nos fazer sentir mais solidão que em tempos sem redes sociais e a comunicação por celular não anula a lembrança das longas conversas feitas entre os aparelhos pretos de telefone.

Enfim: talvez hoje a leitura seja uma fonte utilitária de informações em que o desejo ou a experiência de ler não cumpra nenhum papel essencial.

Ou todo o contrário: ler continuará sendo essa experiência ao mesmo tempo singular e comunitária, em voz baixa e em voz alta, que continua confessando segredos que de outro modo jamais chegariam a nossos ouvidos, a nossas mãos, a nossos olhos, a nossa vida.

Ler o amor e o suicídio.

Talvez tenha sido numa tarde cinzenta, com um vento ferido uivando entre os bosques, quando Marina Tsvietáieva (1892-1941) tomou a decisão última, essa decisão que já não permite outras decisões, a da corda no pescoço.

É certo que a vida não pode ser lida apenas a partir da forma como se assume a morte, mas uma morte que se toma com as próprias mãos poderia dizer alguma coisa sobre os últimos instantes de uma existência no meio do fogo. Uma despedida anunciada, um pedido de desculpas, um adeus quase sem voz: "Perdoem-me – não pude mais", escreve a suas irmãs. E a seu filho Mur: "Perdoa-me, mas daqui pra frente teria sido tudo pior. Estou gravemente doente, isto já não sou eu" (Tsvietáieva, 2008, p. 574).

A poetisa russa se suicidou em 31 de agosto de 1941 em Elábuga, aquela última aldeia de exílio, a fronteira entre a vida e a morte, rodeada pela estupidez, pela feiura, pela imundície, pelo desespero. Entretanto, Tsvietáieva já havia preanunciado sua morte várias vezes e desde há muitíssimo tempo. Por exemplo, em 1908, quando expressou seu desejo de suicidar-se durante a representação teatral de *L'Aiglon*. Ou em 13 de maio de 1918 quando escreveu: "Toma, meu amor, meus farrapos / que foram um doce corpo. Eu o destroçei, gastei / só restam as duas asas" (Tsvietáieva, 2008, p. 239). Ou também durante 1919, quando já havia deixado de escrever versos e intuía, com lucidez descomunal, que em breve deixaria de amar.

Uma existência na fogueira, de extrema paixão e aguda percepção, não pode senão estar exposta ao limite mais voraz do cotidiano, à rugosidade abrupta do tempo, à beira mesmo de uma vida sentida e padecida como abismo inexorável sobre o qual se põe de pé, de vez em quando, o amor e a escrita.

O amor – melhor dizendo: o amar – e a poesia – melhor ainda: o escrever – são as formas que mais nitidamente revelam sua biografia. Se se ama e se escrevem versos, a vida é a duração dos instantes que se movem ao ritmo da paixão e da profundidade. Mas se em um bom ou um mau dia se deixa de escrever e, em seguida, de amar, o que resta da vida, o que existe na vida?

No caso de Tsvietáieva, trata-se de um escabroso e definitivo esgotamento existencial: a humilhação por não ter onde viver nem onde apoiar suas poucas coisas, a angustiosa falta de respostas para sua necessidade imperiosa de trabalho, a longínqua prisão de seu marido, o desterro incógnito de sua filha mais velha, a incompreensão pelos rumos da política, sua doença persistente, o assédio mortífero da ocupação nazista;

enfim, toda uma geografia sinistra apenas iluminada pela urgência de um final para a vida.

O fato de que hoje possamos conhecer sua poesia, sua prosa, seu epistolário, em síntese, que saibamos alguma coisa parecida à sua intimidade não apaga com uma suposta familiaridade tanta solidão bestial, tanta intensidade afogada, tanta vontade de existência e tanto desapego final. Assim como também obscurece ou apazigua toda a tensão surpreendente que transmite uma vida colocada numa cena brutalmente real: como se a luz desse teatro tivesse iluminado mal os fragmentos de sua vida, como se o roteiro tivesse sido escrito por uma pena enfurecida com mais e mais tragédia.

Que escolher para um retrato de Marina? A que cena prestar mais atenção? Aos sons e ritmos de uma poesia nova atada ao sangue de seu coração? À amorosidade de uma fenda que se abria ante cada uma e qualquer daqueles que desejavam habitar sua vida? À desgarradora morte por inanição de sua outra filha, Irina? A essa voz insistente que desejava, mais que nada, ser ouvida, ser lida, ser querida? Aos sucessivos exílios exteriores e interiores? A essa sabedoria meticulosa e universal que aflorava em cada cortejo e cada conselho de sua múltipla e inesgotável correspondência?

De escrita intensa, fecunda, extensa e sonora, Tsvietáieva deixava tudo no texto, como relata sua filha Ariadna: "se tornava surda e cega a tudo o que não fosse seu manuscrito, no qual submergia com o pensamento e a pena" (Efron, 2009, p. 23).

Escrevia bem cedo pela manhã, em que os únicos sons são os de um corpo que acorda e nasce e, com eles, a transparência do olhar e da pele disposta a perceber o mundo, com a cabeça fresca e o estômago vazio. O mundo se percebe, nos dirá, não se conceitua.

Em sua poética há, sobretudo, ritmo, palavra cantada. Não é uma poesia de novidade, mas de autenticidade. Por isso Marina não acreditava demais nas formas "salvo sob a forma de uma casca quebrada ou de um defunto de três dias" (Tsvietáieva, 2009, p. 395).

A poesia não é uma forma, então, mas a força do que está vivo ou do que se pode e se deixa reviver através da escrita. E essa força do que está vivo, para além das formas, não é outra coisa senão a voz. Em Tsvietáieva, a voz não é procurada, não é investigada, não é um artifício sobre o qual se acomodar. É uma voz que segue a si mesma, acompanha a si mesma, como o som da sombra da existência.

E será esse som aquele que ressoará mais além de seu corpo e de sua existência. Será essa voz a que continua nos falando e escrevendo. Somente a leitura poderia salvá-la de outra corda no pescoço: a de uma nova indiferença, a de um tão poderoso quanto indigno esquecimento.

3
Escritas

Sentidos do escrever.
Escrever como ensaiar.
Escrever como não morrer.
A escrita amordaçada.
A escrita já não é o que era.
Escrever e sentir falta.
A escrita breve.
Escrever cartas.
A pergunta pela escrita.
Escrever como se fosse o fim do mundo.
Tomar notas.
A escrita destruída.
Escrever, escrevendo.
Escrever como escutar.
A escrita em suas próprias palavras.
Escrita como estranhamento.
Como chegar à escrita.
Escrita do instante.
A escrita *em voz alta*.

Escrevo porque não compreendo. Para repetir de novo e de novo essa encruzilhada de palavras com a qual não consigo decifrar o tempo. Escrevo para recordar sons que de outro modo se perderiam no lodo vertical da memória. Para invocar e provocar gestos de amor dos quais não seria capaz se não escrevesse. Escrevo porque ao despertar gostaria de agradecer pelos meus olhos abertos. Para olhar de pé o que está muito longe. Para escutar o que é que ficou na ponta da língua. Escrevo para renunciar ao abandono e para tocar com as mãos sigilosas as costas mornas de alguém que ainda não morreu. Escrevo. E ainda não sou capaz de dizer nada.

(Skliar, 2012, p. 14)

Sentidos do escrever.

Talvez o único sentido, a única razão da escrita seja escrever. Sem ter razões para fazê-lo, nem de antemão nem *a posteriori*. Nem razões maiúsculas nem razões minúsculas. Nem escrever para ser alguém no mundo, nem para o futuro, nem para o porvir, nem para a posteridade; nem para assumir uma posição de onde ver o mundo, nem para autorizar que outros tomem essas ou outras posições. Nem para avançar na vida, nem para retroceder. Nem para ser melhor ou pior pessoa.

Na escrita não há outra razão que não seja o amor e o desamor pelas palavras, a paixão e o desassossego pelas palavras, a atração e a repulsão pelas palavras:

> Um escritor seria [...] alguém que outorga particular importância às palavras; que se move entre elas confortavelmente, ou possivelmente mais, entre os seres humanos; que se entrega a ambos, mesmo que deposite mais confiança nas palavras; que as destrona de seus lugares para entronizá-las depois com maior aprumo; que as apalpa e as interroga; que as acaricia, lixa, pule e pinta, e que depois de todas essas liberdades íntimas é inclusive capaz de ocultar-se por respeito a elas. E, embora às vezes possa parecer um malfeitor para com as palavras, o certo é que comete suas feitorias por amor (CANETTI, 1999, p. 82).

E não é demais dizer que se escreve não para alguma coisa, mas para alguém, não em nome de alguma coisa, mas em nome de alguém. E que nesse alguém há uma mescla de presença com nome próprio e ausência, talvez, sem nome algum. Que se escreve para um e para outro:

Sem dúvida, escrevemos, em primeiro lugar, para nós, para esclarecermos, para tratar de elaborar o sentido ou o sem sentido daquilo que nos acontece. Mas é preciso escrever, também, para compartilhar, para dizer alguma coisa a alguém, mesmo sem conhecê-lo, ainda que talvez nunca nos leia (LARROSA, 2011, p. 202).

Para ser escritor é preciso escrever, ao que se poderia acrescentar: para escrever há certo grau de renúncia, de deixar de ser, de dar-se de bruços com a impossibilidade de fazê-lo, de estar do lado do desassossego, do fastio, do ter paciência, do permanecer no meio do perigo da escrita, da solidão, do desespero, do tirar da cabeça que é possível aprender a escrever.

Então, sim, escrever.

Escrever, então, não *é*. Escrever *é preciso*.

Ou, dito em outro sentido: a escrita não *é*. Na escrita, *há*: "Já que se há de escrever, que pelo menos não se esmaguem com palavras as entrelinhas." (LISPECTOR, 1992, p. 20).

Escrever como ensaiar.

O ensaio não seria um simples ato descritivo ou um juízo moral ao redor de alguma questão pontual. Sua essência, se existe, não está no fato de reduzir a digressão a um conceito mais ou menos articulado, mas, justamente, no fato de libertar-se dele, reunindo observações, contradições, vivências e apreciações sempre provisórias, sempre incompletas, sempre fragmentárias, sempre inacabadas.

Ensaio, então, como *pretexto*, quer dizer, como uma escrita que se relaciona mais com a aventura intelectual, com o labirinto de ideias que surge da problematização permanente, com o enigma exposto em carne viva, através de um relato que não pode nem quer ser sistemático, metodológico.

Dizia Lukács (*apud* por ADORNO, 1962) que o ensaio ainda não podia ser independente do todo, da ciência, da moral e da arte. Ali reside sua maior fragilidade e debilidade. Ao mesmo tempo, a poesia – irmã do ensaio, segundo esse filósofo – já teria conseguido quebrar essa primitiva e não diferenciada unidade:

> O ensaio fala sempre de alguma coisa já formada ou, no melhor dos casos, de algo que em outra ocasião já foi; é, pois, de sua essência não tirar coisas novas de um nada vazio, mas sim, limitar-se a organizar, de um modo novo, coisas que em algum momento foram vivas. E, como se limita a organizá-las de um modo novo, em vez de dar forma a algo novo a partir do disforme, encontra-se vinculado a elas, tem que dizer sempre a "verdade" sobre elas e encontrar a expressão de sua essência (LUKÁCS *apud* ADORNO, 1962, p. 11).

O valor do ensaio não radicaria, então, na sua proximidade com a verdade, mas na potência de sua experimentação. Desse modo, o ensaio não se submeteria às regras metodológicas em torno do que pudesse ou devesse ser uma definição sobre o certo/errado, o verdadeiro/falso, o científico/não científico, o real/irreal, etc.

Ao pensar que a filosofia já teria pretendido apropriar-se da experiência verdadeira, Benjamin sugere que tal possibilidade advém, na verdade, da poesia, e estabelece um correlato entre a ideia de experiência de Bergson e do sentido da experiência que assume o poeta Baudelaire, em relação a seu leitor.

Essa aproximação de Benjamin à literatura e sua conseguinte escrita ensaística sobre a arte, a forma e a linguagem, se aproxima das ideias de ensaio que propôs Theodor Adorno – de fato *El ensayo como forma*, escrito por volta de 1954, é um texto que manifesta expressamente uma atitude de suspeita daquilo que é entendido como *ciência*.

Adorno situa o ensaio como um tipo de gênero que se encontra entre a ciência e a arte, e que não é, portanto, nem ciência nem arte. Mas não sendo nem uma nem outra, não se exime de certa responsabilidade formal, de certa sistematicidade e de determinada relação *com a coisa* sobre a qual discorre. Por isso, sustenta aquilo que um ensaio ruim não é melhor que uma tese doutoral ruim.

Dessa perspectiva, o ensaio não trabalha a partir de categorias, mas da experiência. Assume um impulso antissistemático e sua estética se torna anticerimonial. Por isso, não pode obedecer nem se submeter às regras de jogo da ciência e da teoria organizada, segundo as quais a ordem das coisas é a mesma que a das ideias. É por isso que o ensaio suspende o conceito tradicional de método.

Adorno atribui ao ensaio um caráter fragmentário, uma escrita de não identidade e de não totalidade. Ao tratar-se de algo fragmentário, e, portanto acidental, o ensaio não persegue a eternidade, mas o que é perecível, ou bem, busca *eternizar o perecível*.

O ensaio libera o pensamento da ideia tradicional de verdade; não existe verdade no ensaio, mas sim veracidade. A relação caótica entre o sujeito e o objeto não se torna identidade, mas torna-se parcialmente verossímil; ao recordar a liberdade de espírito, evita a ilusão de que o pensamento possa escapar daquilo que é a cultura – *thései* – e, então, acaba por não tolerar sua própria onipotência e onipresença. Por isso, sugere que o ensaio escapa: "[...] da rota militar que procura as origens e que na realidade não conduz senão ao mais derivado, ao ser, à ideologia duplicadora do que já existe previamente" (ADORNO, 1962, p. 21).

Nessa direção, não é que o ensaio se sirva da linguagem, mas que *é linguagem*, ou mais concretamente, *é essencialmente linguagem*. Daí que o autor compara a forma com que o ensaio se apropria dos conceitos do mesmo modo que um sujeito trata de falar uma língua num país estrangeiro, isto é, não como gostaria a pedagogia acadêmica – amontoando fragmentos e acumulando-os em certa sequência – nem por meio dos dicionários, mas expondo-se ao erro, à falta de segurança, ao temor pela norma.

Sendo essencialmente linguagem, o ensaio pensa descontinuamente, aos saltos. E, como a linguagem, não começa por Adão e Eva, isto é, não começa cada vez por um princípio original, mas por onde quer ou pode começar a dizer. E não culmina num veredito final, mas sim sente que chegou o final, seu final, o final da experiência que estava em jogo no ato de ensaiar.

Escrever como não morrer.

Estamos vivos. E, entretanto: o que pode significar viver capturando sombras delgadas, finas e paixões fugidias às quais tiraram o corpo e o tempo?

Todos estão mortos. Todos. Ninguém mais e ninguém menos. Em alguma coisa, muito ou completamente. Saibam ou não saibam. Com dor ou indiferença. Chegar ao fim, ao termo. Pronunciar a última palavra possível, somente exprimível por outros, no rasgamento ou a contragosto.

Abandonar o corpo, a memória, o destino, a infância e o amor, tudo de uma só vez. Dizer como expirar, como arquejo sem vida. Deixar de saber se é possível outra vida. Deixar de saber, inclusive, se é possível outra morte. Abandonar o cenário da vida. Passar a ser lembrança ou esquecimento. Desterrar o eu sem noção de outra terra que não seja o enterro. Ter colocado na trama da vida tudo o que era possível. Não saber, jamais, se acaso era possível.

Todos estão mortos. Todos. Também estamos, de certo modo. De um modo que não decide, nem participa, nem escolhe. Todo o instinto por viver carrega consigo a voz da morte. Grudada, aderida, abrasiva. Toda a vontade de viver escuta o ditado da morte.

Não existe outro sentido para a morte que não seja o da existência da morte dos outros. A própria morte tem voz, nos fala, mas não tem consciência nem duração. Sentimos a dor por cada morte provável, por cada morte que se antecipa a seu tempo e a seu lugar.

Morrer dói, mas depois, será preciso procurar com desespero tudo aquilo que alguém, que está debaixo terra, deixou sobre a terra. Acreditar que mais do que a morte, dói a dor que perdura nos vivos. A morte é precisa demais. Não oferece conversa, nem pactos, nem trégua, a não ser a parte que nos toca num roteiro de uma obra já escrita: "Mas passou o tempo / e a verdade desagradável desponta: envelhecer, morrer / é o único argumento da obra" (GIL DE BIEDMA, 1982, p. 152)

A morte nos torna, em parte, mentirosos. Ou, talvez, não totalmente honestos. Amamos, depois, o que não fomos capazes de cuidar antes. As perdas se prolongam para trás e, de repente, nos damos conta de que perdemos tudo: perdemos quem morre e perdemos aquilo que fomos junto a quem morre.

A morte iguala os mortos, já foi dito. Mas também iguala por um instante os vivos: a morte nos torna cúmplices de uma dor que começa parecida e no final de alguns segundos mostra todas as suas diferenças: por ali o silêncio, por aqui uma voz que, talvez, permaneça para sempre.

Sabemos que não dispomos da última palavra. Essa palavra é, na vida e na morte, sempre de outros.

Por isso: escrever como não morrer.

Ao contrário: há vida demais quando as palavras percorrem os lugares abandonados, os corredores escuros por onde o corpo não pode passar, a impossível clareza de uma tarde quando ainda de madrugada.

Mas a vida significa tantas coisas: a casa sozinha, o desterro de cada homem, o abismo a que nos debruçamos, a voz que é o fio mais débil para amarrar-nos e, sobretudo, os olhos que se abrem e começam a desejar o que nunca viram.

Dizer o que já foi dito, mas com outras palavras.

Encontrar o segredo que nunca nos confessaram.

A escrita amordaçada.

Anna Lárina se calou à força. Na realidade, não se calou, foi calada.

O silêncio não está em nenhum lugar. Nada se cala na imensidão de uma paisagem. Não se calou jamais em sua infância. Seu país é um longo desfiladeiro de palavras. Sua boca podia ir além do que tocava, do que via, do que inclusive sonhava.

O mundo, certo mundo, certo momento do mundo, certas pessoas em certo momento do mundo, a calaram. Fizeram-na uma aliada involuntária do silêncio. De um silêncio entrecortado, azedo.

Anna é o silêncio de uma vida carregada de sons. Ressoam nela os livros de seu pai, os emaranhados de seus primeiros desejos, o testamento de seu marido. Todas as coisas que com ela um dia conversaram, ela as guarda como sons: campanários, aves, impressões, marcas, segredos, amores, desatinos.

Viveu calada durante muito tempo. Imaginavam-na e a emudeciam, desprovida de voz, asfixiada, como uma esfinge de pedra sem nenhum relevo. Só aparentava mudez de fora. Existem lugares onde estamos, mas não existimos. Falamos para dentro, sentimos, tocamos, escrevemos a nós mesmos a mesma coisa.

Durante os anos de opróbrio, que foram tantos, tão sem número, inscreveu em seu corpo 77 poemas. Fazia-os com sons ventriculares, abertos, ocos. E os recordava, ao mesmo tempo, baixando as pálpebras, negando-se a outros abismos, desertando em direção a outros chãos.

Fazia poemas, mas não podia escrevê-los. Não só por carecer de tinta e papel. Não podia escrevê-los, pois qualquer escrita se tornava armadilha, incessante perigo. Escrever sobre o papel era uma indesejável confissão, uma voz revelada, uma culpa mortal. Como se escrever fosse mostrar um ardor em chamas; como se escrever fosse um gesto nu, translúcido, muito fácil de ser traduzido, um risco parecido a um paredão, à descarga de uma metralhadora.

Por isso fazia seus poemas com a boca, murmurando, ruminando, cuidando para que o resto do corpo ficasse imóvel, para que ninguém percebesse, nem o mais ignóbil nem o mais perspicaz dos carcereiros.

Fazia poemas sem método, mas com a terna dureza da insistência, como uma crosta que não seca nem se transforma: de manhã, depois de compartilhar com um rato o pedaço de pão quase mofado, quase pedra, primeiro exercitava a respiração – sem respiração não há poema, ouvia-se dizer; eram sorvos frios para fora e mornos para dentro; expirações de inverno e absorções de primavera; em seguida, sentia que debaixo do diafragma havia ar suficiente, fazia fileiras de palavras e rimas, como jogos de infância, repetições de sons que alcançavam justo até o limite de seus lábios.

Escrever poemas é fazer com que as palavras não tornem a cair. Mais além não era possível. Nenhum som podia fazer-se presença. Somente no instante em que o caminho entre a respiração e a língua estivesse só, já isolado, o movimento invisível começava a tomar a forma do poema.

Era uma poesia repleta de signos de exclamação: nada diferente dos pequenos saltos que provocam as lembranças, as elevações dos ombros quando a amargura cede e as sobrancelhas arqueadas quando querem rir.

Como se escrever poesia lhe desse um mundo que somente ela habitava e, dali, desde essa língua que não salpica sangue, mas sim silêncio, pudesse falar ao outro mundo, aquele do qual se encontrava arrancada.

Uma poesia feita com uma língua paciente, frágil, indelével, para suportar essa vida real, esse buraco, derrubar as paredes da jaula úmida; falar sem falar com outros que não fossem seus guardiães e algozes; para, simplesmente, assegurar-se uma existência.

A poesia, o poema como o contrário do suicídio de sua voz e, então, de sua carne. O poema como a única solidão que permanece quieta durante a insuportável humilhação do ar.

Respirar. Escrever. Não. Não pode escrever. Não pode mostrar. Não escreve: inscreve.

> Tudo é vaidade de vaidades / tudo no mundo é insignificante / a saudação da felicidade / um mar de terríveis desgraças / o verdadeiro e o falso (LÁRINA, 2006, p. 437).

Nada pode ser erguido quando tudo está arruinado. Tudo o que resta é pronunciar em silêncio, para si mesmo, aquilo que jamais poderá ser escrito.

No reino da desgraça, na tirania da dor, um poema se agacha, espreita. E espera ser rugido.

A escrita já não é o que era.

A escrita já não é o que era. O que não é bom nem ruim. Apenas se trata de perguntar-se se ainda vale a pena dar algumas voltas ao redor daquilo que era a escrita, que agora não é, sobre o que é essa escrita que agora está. O que não estaria bem seria encolher os ombros como sinal de que *as coisas são assim mesmo*. O que seria melhor é declinar da ideia de que sem escrita nos transformamos em dóceis animais, ou em humanos aberrantes, incompletos.

Já sabemos o que provoca a domesticação através da linguagem como estandarte, como bandeira. Uma das perguntas que, creio, vale a pena fazer é aquela sobre o humanismo vinculado à escrita. Essa pergunta encontra aqui – fortemente inspirada por algumas ideias do filósofo Peter Sloterdïjk – duas direções possíveis: a vaga noção de confraria ou de comunidade ou de amizade que a escrita produz; e a afirmação da escrita como norma. Ambas as ideias provêm, com efeito, da história do humanismo, mas em diferentes tempos.

Em primeiro lugar, poderíamos identificar a história do humanismo com a história da escrita: a escrita como uma espécie de carta universal que vai passando de geração em geração graças a um pacto íntimo e secreto entre emissores e destinatários, originais e cópias, um vínculo férreo para poder ir mais longe, para não fechar-se, para poder realizar travessias próprias e alheias. Uma travessia desse porte supunha e supõe tanto o escritor como o leitor. E essa é a principal virtude de uma amizade que durará séculos.

Existe nessa apreciação um eco daquele Nietzsche que procurava transformar o amor ao próximo – aquele amor tão imediato, tão religioso, tão mesquinho – num amor por vidas alheias, distantes, desconhecidas. E essa transformação nos era dada graças à escrita. A escrita, então, como convite a ir além de si mesmo, a sair, a livrar-se da própria modorra, um convite para abandonar o relato repetido, a identidade de si como centro de gravidade e como centro do universo.

A imagem é conhecida e mesmo assim não deixa de ser curiosa e amável: um fantasma comunitário está na base de todos os humanismos, uma espécie de sociedade literária devota e inspirada, enfim, uma comunhão em harmonia.

COLEÇÃO "EDUCAÇÃO: EXPERIÊNCIA E SENTIDO"

Permaneçamos um pouco mais nessa imagem e encontremos sua outra face. Antes, muito antes da chegada disso a que hoje chamamos – não sem certa leveza – o Estado, ou melhor, o Estado Nacional, saber ler e escrever suporia:

> Algo como ser membro de uma elite envolta numa aura de mistério. Em outro tempo, os conhecimentos de gramática eram considerados, em muitos lugares, como o emblema, por excelência, da magia. De fato, já no inglês medieval a palavra "glamour" se derivou da palavra "grammar"; para aquele que sabia ler e escrever, também outras coisas impossíveis lhe resultaram simples. Os humanizados não são, em princípio, mais do que a seita dos alfabetizados, e do mesmo modo que em muitas seitas, também nessa se manifestam projetos expansionistas e universalistas (SLOTERDÏJK, 2006, p. 24).

Sublinhemos algumas palavras desse fragmento, como por exemplo: "elite", "mistério", "magia", "glamour", "seita". É imediata a sensação de um mundo partido, quebrado ou dividido em função ou em virtude ou em privilégio da escrita e da leitura. O que não faz mais que devolver-nos à crença platônica de uma sociedade na qual todos os homens são animais – o que não deixa de ser certo – mas onde alguns criam outros e esses outros serão, sempre, os criados. Para dizer de outra maneira: os animais que leem e escrevem educam os animais que não o fazem.

Portanto: o humanismo dos séculos XIX e XX se tornou pragmático, o pragmatismo induz ao programático e essa sociedade sectária, mágica, cresceu até tornar-se uma norma para a sociedade política: "A partir daí, os povos se organizaram em associações alfabetizadas de amizade forçada, unidas sob juramento a um cânone de leitura vinculadora em cada espaço nacional. Que outra coisa são as nações modernas senão eficazes ficções de públicos leitores que, através das mesmas leituras, se transformaram em associações de amigos que têm afinidades?" (SLOTERDÏJK, 2006, p. 25-26).

Esse humanismo, o humanismo de Estado, é a origem da imposição da leitura e da escrita obrigatória: os clássicos, o cânone, o valor universal dos textos nacionais. Já teríamos à disposição alguns argumentos para desentranhar tanto a vertiginosa atualidade da escrita como uma insistente impotência. As ideias do humanismo já não podem contra a época atual; não podem, não têm lugar, não cabem, são anacrônicas.

Em boa medida porque também a escrita e a leitura se transformaram em mercadorias e já não requerem leitores ou escritores amáveis ou amigos, mas sim consumidores.

Escrever e sentir falta.

Uma boa parte daquilo que faz parte da vida está em vias de desaparecer ou pende de um fio fino demais e já desfiado. Parece que ninguém consegue amarrar-se aos nós que o compõem. Ou, talvez, todas as coisas que estão a ponto de desprender-se se sustentam somente por uma mão trêmula que deve fazer muito esforço para aferrá-las.

Objetos, sim, coisas. Funções, também. Lugares. Gente, sem dúvida. E, também, atmosferas: o corpo em determinados lugares realizando ações ou funções para com as pessoas e as coisas. Os odores. A gestualidade perdida. Certo tom de voz. Sons de ruas sepultadas. Certa maneira de olhar-se.

Uma certa cerimônia é necessária antes de enterrar com leviandade aquilo que agora passa inadvertido e que, alguma vez, foi o centro da terra, de nossa terra. Escrever sobre as horas ou segundos debaixo da chuva, sobre a compaixão de certos rostos, sobre a extensão das rugas e sobre a perda dos jogos: "Escrevamos de uma vez por todas os necrológios do pequeno comércio: loja de ferragem, mercearia, loja de comestíveis e loja de legumes [...] O tempo baixa as persianas e descasca os letreiros sem pendurar em lugar algum o atestado de óbito" (CLAUDEL, 2012, p. 60).

Sentimos falta das drogarias, dos boticários, do bater das máquinas de escrever, dos passeios sem compras dos sábados, da honesta vontade dos campanários, dos livreiros, leitores furiosos aos quais não gostaríamos de distrair, dos aromas específicos – por exemplo, o do primeiro sexo, do segundo anterior ao primeiro beijo, da volta do pai do trabalho –, das longas cartas com pós-escrito, dos topa-tudos, dos avós vivos ou de suas histórias ou seus sonhos, das bolas de pano e das de couro, dos cães soltos, da procura desenfreada do amigo, dos vendedores ambulantes, dos engraxates, das trocas sem medida, dos sons que se incorporam a nós aos domingos de manhã, da claridade do céu, das ignorâncias de todo tipo, do enigma da nudez, da roupa engomada, do ter que se virar como puder, do cheiro do livro aberto, do silêncio horizontal das tardes, das cadeiras do lado de fora das casas, da vizinhança como exploração de novos mundos, da viagem como traves-sia, dos carnavais desorganizados, da política como paixão amorosa, da experimentação do clima quando a chuva ou o ardor já eram irreversíveis, dos condimentos do arroz-doce, da aventura de fugir, do horror aos temporais, da minha mão na mão da minha mãe, das visitas sem motivo nem conclusão, dos anúncios que não tentam dominar o mundo, do mundo amplo e alheio, dos mapas em relevo, dos cristais com som puro, da música ou dos livros que descobríamos somente por meio das amizades, dos cemitérios ocultos, dos caminhos pelos quais ninguém transita, dos destinos imprevistos, do cheiro do carvão e da lenha, da perda sinistra de um cader-no, da infância não interrompida, do cochilo da casa e das pessoas, dos frascos da drogaria que não eram antiguidades, certos velhos modos, do sonho em preto e branco, do escutar os velhos, do lençol duro, da cor sépia, do primeiro sol sem proteções, do barro das ruas, das angústias inconfessas, das dores pessoais, da umidade severa, do ruído sanguíneo dos encanamentos e das calefações, da labaredas mais vermelhas do que azuis, dos relógios grandes que roubavam uns segundos aos minutos, da morte sem espetáculo, do segredo conservado, da exatidão dos perigos, do roçar dos pés sobre a areia, do ruído do braço da agulha apoiando-se sobre o disco de vinil, dos acordes inéditos, da invenção das mentiras, da fileira de crianças da escola atravessando a rua e parando o trânsito, das vozes singulares agora todas confusas, da convicção do medo, do poder cavar buracos, da televisão com quatro canais, do rádio como a voz das paredes, do jogo interminável e sem instruções, do tesouro dos sótãos, da languidez sem propósito, da leitura com a luz debaixo do lençol, do xadrez que só os tios ensinavam, do pião errático, dos remédios amargos, do cheiro da colônia, do voltar para casa de madrugada, das aventuras escutadas nos cabeleireiros, das bonecas e bonecos de porcelana, do reflexo dos passos contra os tijolos mudos, das histórias impossíveis, procurar-nos quando tínhamos necessidade, chamar-nos com os lábios, pedir permissão para tocar-nos, do enorme pátio da escola.

Como se escreve o atestado de óbito do próprio tempo? Como aquilo que já não está continua no presente? Não é a escrita, então, a reescrita do perdido?

Sentimos falta das vidas não vividas: das que já passaram e das que não mais estarão. Mas, também, sentimos saudades da própria vida quando não era esta, a que já envelhece.

Sentimos falta daquele tempo que era outro tempo.

Aquele tempo que, então, parecia ser de cada um.

A escrita breve.

Alguns filósofos e escritores se colocaram do lado do aforismo: a lista é inesgotável e não seria pertinente mencionar uns e outros.

Sem renunciar a outros modos de escrever e de pensar, há ali um gênero – talvez filosófico, talvez literário – que chama a atenção poderosamente, talvez por sua justiça, por sua pretensão de moralidade, por essa espécie de acrobacia com as palavras, por seu duplo e concomitante caráter de exatidão e de ambiguidade, de contundência e de pudor, por essa sensação de acompanhamento, de permanência e de persistência que os aforismos costumam exercer na memória de seus leitores.

Os filósofos que escrevem aforismos são, antes de tudo, persistentes observadores: seu olhar tem a implacável destreza de entender-se e despregar-se por um mundo árido e complexo, do qual obtém curiosas ambiguidades, derivadas de uma mescla composta por pensamentos e imagens e talhadas em peças únicas de uma linguagem que está situada à beira do abismo:

A escrita do aforismo, como sugeriu Cioran, revela o medo em meio à linguagem, o tremor frente ao que não pode edificar-se, a escrita que naufraga enquanto se escreve, a fragilidade extrema durante a escrita: "Somente cultivam o aforismo aqueles que conheceram o medo *em meio* às palavras, esse medo de desmoronar-se junto com *todas as palavras*" (CIORAN, 1990, p. 26, grifos do original).

A escrita de aforismos ensina uma inédita e estranha relação da linguagem escrita com as palavras: a violência presente em cada palavra e, ao mesmo tempo, a possibilidade de que cada uma delas seja diferente entre sua escrita e sua leitura; uma potência que faz com que a palavra difira o tempo todo de si mesma e de outras: cada palavra pugna por fazer-se ouvir, por fazer-se tocar, cada palavra se subleva ao fazer-se ouvir, ao fazer-se tocar.

A vida e a sobrevida da palavra no aforismo são colocadas em xeque a cada instante, em cada trêmula escolha; assim, a síntese que aparenta não é mais que a intenção por dizer tudo, como se ali estivesse em jogo a única e a última possibilidade de pronunciar as palavras.

Mas existe uma diferença substancial entre a intenção por dizer tudo e a aspiração a uma linguagem da totalidade. Para Blanchot, o aforismo sugere uma linguagem do fragmento, da pluralidade e da separação. Uma escrita-falada ou uma fala-escrita.

Em referência direta à escrita de Nietzsche, diz: "A fala do fragmento ignora a suficiência, não basta, não se diz com mira a si mesma, não tem por sentido seu conteúdo. Mas, também entra na composição com outros fragmentos para formar um pensamento mais completo, um conhecimento de conjunto.

O fragmentário não precede o todo, mas sim se diz fora do todo e depois dele" (BLANCHOT, 1973, p. 17).

Nietzsche, com sua escrita aforística, aproxima-se da fala. Mas de uma fala diferente, uma fala cujo propósito é separar-se, distinguir-se do discurso completo e totalizador: "uma fala distinta, separada do discurso, que não nega e, nesse sentido, não afirma e que, entretanto, deixa jogar entre os fragmentos, na interrupção e na detenção, no ilimitado da diferença" (BLANCHOT, 1973, p. 22).

Mas não se trata somente de uma escrita peculiar, cujo resultado advém de uma pugna brutal entre a pretensão pelo domínio de cada palavra e a ausência mais absoluta de estabilidade em todas as palavras: inicia-se o aforismo com a pretensão de dizer tudo, acaba-se o aforismo na beira mais sombria do indizível. Também se trata de uma leitura diferente.

É a gravidade do aforismo o que provoca o acontecimento diferente da leitura: aquela que, mesmo sem estar terminada, já volta a ser leitura; uma leitura que força o olhar para trás, não para frente; uma leitura destemperada, nua, crua, tão frágil como memoriosa. Assim, ao leitor só lhe resta a possibilidade de permanecer no meio do aforismo, no meio de cada palavra do aforismo, *no meio do medo* de cada palavra do aforismo. O leitor não pode decifrar o aforismo, decompô-lo, desfazê-lo, nem sequer "compreendê-lo" no imediatismo. Nem pode, também, conduzir o aforismo para seu interior sem deter-se – e assim perder-se – no próprio centro desse labirinto. Por isso, a leitura do aforismo, como queria Nietzsche, supõe não apenas a arte de ler, mas, sobretudo, a faculdade de *ruminar*:

> A forma aforística de meus escritos apresenta certa dificuldade; mas acontece que hoje não se toma essa forma a sério. Um aforismo, cuja forja e cunho são o que devem ser, não está decifrado porque tenha sido lido; muito longe disso, pois a "interpretação" se dá quando começa, e há uma arte da interpretação [...] É verdade que, para elevar assim a leitura à altura de uma arte, é preciso possuir diante de tudo uma faculdade que é a que precisamente

está esquecida hoje [...] De uma faculdade que exigiria quase a natureza de uma vaca, e "não" em todos os casos a de um "homem moderno": refiro-me à faculdade de "ruminar" (NIETZSCHE, 1976, p. 143).

Escrever cartas.

Marina Tsvietáieva se afogou uma vez. E foi suficiente. Deixou uma carta, uma carta que vinha de muito longe, uma carta que se parecia com um cipreste, ou com um lariço, ou com um salgueiro, mas não com um carvalho. A carta dizia: "tenho medo, que outra coisa me resta?" (TSVIETÁIEVA, 2008, p. 312). Sentia-se agredida, ensanguentada. Haviam arrancado sua paixão mais forte: a justiça. Era incapaz do dinheiro e da fama: isso era para os poetas débeis. Era impossível fazer e sentir tudo de outra maneira: "é necessário estar morto para preferir o dinheiro" (p. 314).

Tudo se precipitará no equinócio da primavera. Seu filho, tão pequeno, vai para a guerra, escrutina o céu dos bombardeios. Seu caráter se torna humor infame, pessimista, um humor suicida. Propõem a ela um cargo de educadora: "não sou capaz disso" (p. 315), responde.

Suplica para que lhe deem um trabalho para lavar pratos. Pede qualquer trabalho, qualquer um. Adverte sobre o que será seu próprio desenlace: imagina à perfeição no perfeitamente o dia em que deixará de escrever poemas. "Essa história com os versos seria meu primeiro passo para a não existência" (p. 316). Não existir: nem escrever, nem amar, quem sobrevive? A vida é mais complexa do que um querer ou um não quero. Pensa na morte e nem a razão nem a pena lhe alcançam. Ferida, escreve: "A ferida: um buraquinho pequenininho através do qual a Vida se escoa" (p. 316).

Suplica por seu filho, o resto é enforcar-se. Encarrega suas irmãs de cuidar de um baú com livretos cheios de poemas escritos à mão e um pacote com textos em prosa. Não pode mais, suplica perdões. Pede perdão por pedir tanto perdão. A vida é um beco sem saída ao que não se entra, se cai. "Minha mãe se suicidou" – escreve seu filho Mur. E, enquanto lê a última carta, encontra no meio esse verso escrito em outubro de 1940: "E minhas cinzas serão ainda mais quentes que a vida de todos os que me negaram ar" (p. 323).

Tsvietáieva escrevia cartas. Como outros saem de passeio. Ou olham os lírios. Ou procuram, incansáveis, o sentido do incerto. Ou se vestem e se desvestem. Ou observam um cisne nadando por uma água quieta. Ou, simplesmente, descansam. Ia e voltava de vários lugares, perseguida, exilada, regressada, esperada, inesperada. Não tinha casa. Sua morada era a escrita. Vivia no fogo.

Quando criança havia sido indiferente aos jogos e amante apaixonada por tudo o que podia ser lido e escrito. Indiferente aos seus, cativada pelos estranhos: arestas e réstias de uma mulher ausentada de deus, mas não da fúria.

Aos sete anos já sabia tudo: "Tudo de que eu gostava, gostei antes dos 7 anos de idade, depois disso, já não me apaixonei por nada" (p. 115).

Tinha um corpo comprido, desmedido. Seus braços caíam por cima das páginas brancas e se fundiam na teimosia, na franqueza, numa estranha dança de boas-vindas e despedidas.

Vivia no fogo e no meio de seu corpo.

Sua língua era o russo, o alemão, o francês, mas também a língua das árvores, a pátria da dor, a pronúncia da impaciência.

Escrevia cartas e histórias de pintores, de escritores. E versos. Versos como canções, versos que dançavam para além das linhas, para além da justiça.

Vivia no fogo e a língua se soltava dela.

Soltava-se e nunca mais voltava: o que dizia ia atrás de cada pergunta, de cada percepção, de cada trovão, de cada algazarra.

Uma filha morreu em seus braços, de inanição, de desatino.

Outra filha recuperou seus escritos e os devolveu ao mundo.

Outro filho recebeu a carta em que Marina lhe contou que se suicidava.

Amou os poetas, amou Napoleão, amou seu marido, amou todo aquele e cada um que lhe escrevia. Amou porque queria amar e ser amada.

Tsvietáieva vivia no fogo e se enforcou de verdade. Sem poder apoiar suas pernas. Nem encontrar suas cartas. Nem levar consigo seus cadernos.

Morreu. Mesmo que não pareça verdade. Porque ainda a leio.

A pergunta pela escrita.

A questão é a escrita. O que já sabemos e o que não sabemos sobre a escrita. O que se entende por certo e o que nunca se reduz a uma lógica prévia na escrita. A escrita no meio da educação, como se fosse evidente que ali devesse estar, como se jamais fosse o suficientemente óbvio para que ali permaneça.

Pedir a escrita, enfatizar a importância do escrito, predicar sem muitos exemplos à vista. A escrita compartilhada. Ensinada. Privilegiada. Escrever e ler se tornaram ações tão evidentes que parece não haver margem para continuar pensando sobre essas ações, para voltar a pensá-las: didáticas, boas práticas, planos nacionais, bibliotecas, cadernos, quadros negros, computadores, telefones celulares, livros, partes de livros, partes de partes de livros, anotações, parágrafos, letreiros, mensagens, etc. Pequenas, médias e grandes. Quase que do nascimento até a hora da despedida.

Tudo parece recobrir-se de escrita e de leitura. E, entretanto: trata-se de um caminho que já perdeu seu rumo ou de uma forma de comunidade que persiste?

Em termos educativos é difícil, se não impossível, separar certa moralidade do útil, do necessário e do imprescindível. Em termos culturais, também o é. Talvez se trate de adivinhar algo desses tempos: discernir entre o atual, a novidade, o inovador e o contemporâneo. Em educação, parece que sempre vamos atrás da novidade e do inovador; que não coincidimos em definir o atual – pelo singular, o contingente, o rugoso; e que o contemporâneo somente surge como um campo de batalhas.

Como colocar a escrita no meio? Que escritas? Somente as que estão aqui e agora presentes, as breves, as que respondem a demandas, as que relacionam a escrita com o trabalho e não com a criação ou com a singularidade, ou com a subjetividade ou com a intimidade? Todo escrever é equivalente?

Educar é colocar no meio. Entre. Fazer coisas, juntos, entre nós e entre outros. Colocar a escrita no meio é pensar alguma coisa distinta do registro, do arquivo, da devolução irrestrita do aprendido ou da escrita como um código fechado para a avaliação.

Não parece ser interessante sustentar apenas uma discussão a partir das imagens dos copistas medievais, dos escreventes de convento ou dos *escrevedores* de ocasião. Existe alguma coisa a mais.

Mas o que, exatamente?

Escrever como se fosse o fim do mundo.

De todas as razões e desrazões que assistem a escrita – a escrita que faz parte do corpo, não esse artifício do código solto e absolvido de toda realidade – aquela de cantar ou de mover-se como se se tratasse de um gesto passional continua sendo a que move o mundo, a que lhe permite respirar, a que o faz profundo e, quem sabe, transmissível.

É certo: alguém poderia dizer: que necessidade há de escrever para baixo, verticalmente, com tantos espaços em branco, com tão poucas palavras, com essas palavras substantivas, virando e revirando a sensibilidade original, a das primeiras coisas? Alguém poderia perguntar: para que sustentar essa voz trêmula que não faz mais que assumir os variados rostos do vento: a brisa, o assovio, o voo, a bruma, a neve, o vento nos olhos? Alguém poderia argumentar, ainda: é possível revolucionar a vida, os corpos e inclusive a linguagem com o olhar limpo – obscuramente limpo – da escrita, dos poemas?

Escrever, talvez, como se se tratasse do fim do mundo. Como se já não houvesse tempo, nem palavras, mas um abismo existencial diante do qual só cabe a escrita. É somente um ponto de partida, talvez apenas uma imagem: escrever, talvez, como se não mais tivéssemos nem tempo nem mundo. Mas é também uma posição e uma forma de expor-se: nesse limite, nesse abismo, nesse último fôlego em que vale a pena se perguntar sobre a palavra e seus gestos. A humanidade já viveu várias experiências *como se se tratasse do fim do mundo.* Em ocasiões pôs-se de joelhos ou, talvez, agachada. Outras vezes soltou esse grito intraduzível e pungente do limite. E também se rebelou.

A poesia, assim em geral, transforma-se numa figuração possível desses três modos de habitar o *como se se tratasse do fim do mundo*: a poesia como o resguardo das tempestades, a poesia como vociferação extrema e a poesia como rebelião. Ela o faz a seu modo, é claro: sem pretensões circenses nem de dominação, tímida e, ao mesmo tempo, voraz, contagiosa como um canto que atravessa as épocas e sustenta uma linguagem que de outro modo seria puro barulho, som incompreensível ou silêncio atroz.

E também existem escritas que se situam à beira dos precipícios, escritas que são como o fogo renascente, escritas que submergem no mar, escritas que afogam a si mesmas e escritas que, de tão certeiras, nos fazem falar com seu ritmo, sua potência e seu mistério.

Tomar notas.

Escutar. Tomar notas. Vaguear por conversas alheias. Procurar a linguagem que não é de ninguém em particular. Seguir o movimento das palavras, acompanhá-lo. Deixar-se envolver por tudo aquilo que não dizemos, nem nos dizem.

Escutar para os lados e escrever: um hábito simples para evitar o cansaço das próprias palavras, das explicações e das justificativas; um modo simples de repousar, de calar-se por dentro, de não julgar.

Ser um caçador pacífico de palavras de desconhecidos. Fechar os olhos e que os ouvidos sejam capazes de descartar o que é apenas engraçado, frases de cortesia, automatismos amorosos, meras discussões de negócio ou de dinheiro, etc., e concentrar-se na debilidade do humano, na sua fragilidade: as conversas dos velhos, as confissões quase secretas, os diálogos desiguais, a revelação extrema do amor e da dor, os gestos de desamparo, as surpresas, aquilo que está a ponto de ser palavra e não consegue sê-lo, a duração do olhar, o sonho não revelado, a tradução da escuridão e da opacidade.

Ser discreto: não se trata de sequestrar intimidades alheias. Na verdade, o que se deve fazer é procurar aquilo que não se tem, o que não se pode, o que não se é: palavras renascidas, palavras frescas, modos de ver o mundo dos quais já não somos capazes, a trama da linguagem em sua disseminação pelas ruas, pelas janelas, corredores, ao ar livre.

Não é um gesto impudico, mas uma ilusão de cumplicidade com o universo. Como se escutando fosse possível amarrar os sons dispersos da língua, como se quiséssemos harmonizar esse falar desordenado e simultâneo para dar-lhe uma propriedade musical, uma espécie de pentagrama.

Ir ao encontro da língua anônima que é, também, uma escrita nômade: "Quem escreve nos muros? / Quem inventa as piadas? / Quem sela os refrães? / É um presente que todos nos damos / essa escrita nômade, anônima, interior, que todos entendemos / Uma cidade sem ela não é nada, está morta, o exterior ao nome, já não se vive para si mesmo, já não se é capaz de dar um nome" (MORÁBITO, 2001, p. 12)

Mais que a irritação, a decepção ou o execrável do dito, haveria que dar lugar à ternura, essa ternura que vai desaparecendo pouco a pouco da terra, essa ternura que se dilui pela rapidez dos encontros, o imediatismo dos desejos e a perda irremediável da infância.

Escutar não para saber, mas para esquecer o abominável.

Escutar não para entender, mas para perder de vista o execrável.

Escutar, porque é necessário receber as verdades que outros desconhecidos puderam dar-nos.

Escutar. E, assim, calar-se. E, assim, não julgar.

Escutar é desejar o ditado do mundo.

A escrita destruída.

Escreve Marlen Haushofer (2003, p. 17): "Um dia, também terei deixado de sentir o leve pesar que isto me causa, e inclusive terei esquecido o que foi a presença de uma lembrança. E creio que é isso o que me atemoriza. Não há nada mais horrível que o esquecimento. Posso imaginar como as linhas que escrevo hoje farão tudo isso reviver, alguma vez, este dia de setembro com o hálito de uma lembrança ao fundo. Mas duvido que um morto possa fazer despertar à vida algo que está morto".

Há vezes em que as palavras são destruídas pelas amnésias, pelos desaparecimentos, pela indiferença ou, inclusive, pela própria decisão de quem escreve. Ser um leitor terá a ver com sustentar o que outros escreveram: dar-lhe tempo, lugar, respiração. E, embora o tempo faça estragos, é no presente, neste presente, em que ainda pode haver vida para a escrita.

Os argumentos do futuro do escrever e do ler desvaneceram, ou já não existem. A promessa de que a escrita e a leitura nos farão melhores – no sentido mais obscuro do *melhor* – parece não tomar corpo em nenhum corpo. E é só quando se escreve e se lê, nesse preciso instante em que as folhas permanecem tensas e trêmulas, é que existe escrita e leitura.

A questão da escrita, da leitura e da memória não é um problema técnico, nem sequer um problema de conhecimento: trata-se de um dilema talvez moral. Sei que esta última palavra parece desusada, anacrônica, quase a última sobrevivente de um humanismo em extinção. Mas é justamente ela a que marca, a que define, a que incorpora essa relação tão íntima de quem escreve com sua escrita. Refiro-me aqui a uma moral corpórea, que não se resolve apenas com o exercício ou com a prática, que não tem a ver somente com as formas em que hoje se resolvem ou se discutem as grandes questões do humano e do educativo.

Para recordar o escrito é preciso dar a leitura. E, para tal, seria preciso pôr-se a pensar tanto no que está disponível quanto naquilo que já não está, isto é, recuperar as palavras perdidas, abandonadas à sua própria sorte, desestimadas em nome do progresso, da razão; essas palavras, esses textos, que o tempo quis apagar, dissimular, abandonar, esquecer.

Trata-se da linguagem e da memória, mas também trata-se da perda da linguagem e da memória. E das possibilidades de restituição, de recuperar algo daquilo que alguma vez foi nosso. De tentar dar a quem padece a recordação de sua própria língua agora quase perdida.

Há quem esteja entre crianças, jovens e adultos que perderam sua escrita ou nunca a conquistaram, ou entre aqueles que utilizam uma escrita que outros subestimam ou depreciam ou, simplesmente, ignoram. Ou entre aqueles que não a aprendem como *deve ser*. Pois bem: "Não é a 'facilidade' no aprender – o fato de que seja habitual fazê-lo – que justifica um pensamento sobre educação, mas sim a experiência de sua dificuldade. De modo específico, trata-se de uma reflexão que toma como ponto de apoio e raiz de seu argumento a experiência humana, não da normalidade, mas a da excepcionalidade, entendida como experiência do frágil e do vulnerável" (BÁRCENA, 2012, p. 13).

Entre todas as razões do escrever e do ler, certas ou incertas, úteis ou inúteis, possíveis ou impossíveis, aquelas que têm a ver com os corpos desfeitos, destruídos, depreciados, comovem particularmente: recordar o perdido, o cruelmente abandonado, o que se extingue e desaparece; destacar o que parece fundir-se; escrever com o olhar de quem, se diz, que não falam ou que aprendem, a partir de sua própria e singular experiência. Ali onde o que permanece talvez não seja a linguagem metódica nem a aprendizagem ortodoxa, mas sim uma absoluta vitalidade, tal como escreveu de um modo surpreendente Tomas Transtömer, referindo-se à sua própria linguagem danificada, neste fragmento:

Então chega o derrame cerebral: paralisia no lado direito
com afasia, só compreende frases curtas,
diz palavras inadequadas.
Assim não alcançam nem a ascensão nem a condenação.
Mas a música permanece, continua compondo em seu próprio
estilo (Transtömer, 2010, p. 68).

Escrever, indicar, mostrar a finitude, tocar a impossibilidade, balbuciar, fazer a experiência do frágil e do vulnerável.

Uma escrita que se rebela e se contorce para continuar andando.

Desejando que algum dia alguém a escreva. Alguém a leia.

Escrever, escrevendo.

O que é, o que poderia ser: escrevendo?

Trata-se de uma pergunta totalmente diferente daquela: o que é escrever? E, também, daquela: o que é a escrita? Sobre essas duas últimas aparências da pergunta já temos suficiente informação, mesmo quando seja ambígua, contraditória e ainda devamos distinguir entre a racionalidade pedagógica e a racionalidade literária.

Parece-me que é preciso perguntar-se pela escrita por meio de algumas práticas, mas, acentuando esse *escrevendo* como único tempo possível, no instante em que acontece, em sua duração: o que pode significar *escrevendo*, o que é estar escrevendo, para estudantes, professores, escritores, escreventes, copistas e demais figuras que giram em torno dela, em meio a práticas de transmissão de saberes, valores, conhecimentos, matérias, currículo?

Não há nada claro a respeito. O que sabemos é que a escrita é solicitada, que a escrita provém, geralmente, de um pedido. Seja esse pedido para relatar aquilo que nos é próprio, como para responder por um texto alheio; seja para comentar ou para definir; seja para elaborar como para pontuar.

Não pode deixar de surpreender-nos, mesmo em sua aparente habitualidade, essa relação entre escrita e pedido.

Por vários motivos: em princípio porque sugere que o escrito tem somente um valor de resposta; em seguida, porque me dá a sensação de que – por ser, com efeito, uma resposta ou por ter apenas essa propriedade – não sabemos a que, com exatidão se a uma pergunta escrita, ou um texto lido, a um saber entregue, a uma informação solicitada, a uma necessidade de completar uma tarde, ao puro e fresco desejo de que alguém se expresse com *propriedade*? E, por último: porque a escrita ficaria confinada ao exercício de sua correção ou de sua adequação e, portanto, à lógica do que é apropriado ou inapropriado, se fosse reduzida a um mecanismo de intercâmbio estreito.

A escrita é petição, sim, mas também é reflexo do domínio ou não, da capacidade ou não, da diversidade ou não, das práticas de escrita. Nesse sentido: como valorar o que se pediu? Não resta mais remédio, parece, que submeter tudo à equação do mal ou bem escrito, do correto ou incorreto: o zoológico dos que cometem erros e a turba dos que estão na espreita para fazer a correção. Mas onde estava e está, onde havia ficado e permanece, o que era e é que se oferece, o que se dá e não tanto o que se solicita e avalia?

A escrita como petição se transforma em um dos argumentos de autoridade mais ambíguos e traidores. Não gera um problema com a escrita, mas com a autoridade. Como escreve Charles Dantzig:

> Sempre tive um problema com a autoridade. Mesmo agora, nada me indigna mais do que aquilo a que se chama argumentos de autoridade, que consistem, como se sabe, em invocar uma suposta autoridade para fazer calar as perguntas. Opõem-se à razão, à maravilhosa razão, maravilhosa porque se baseia na confiança. Os argumentos de autoridade se baseiam no desprezo. Minha desconfiança na autoridade tinha por contrapeso a quase mágica confiança no escrito. Uma frase, segundo o bárbaro em miniatura que era eu, seria uma chave (DANTZIG, 2011, p. 10).

A escrita é petição, a escrita é constatação, mas também é a sombra ou o contorno ou a superfície daquilo que se entregou.

Essa escrita pedida e avaliada não diz tanto sobre a escrita em si como diz sobre o ensino, o que conduz esta análise a uma direção completamente diferente. É verdade que posso começar pelos textos escritos pelos outros: compadecer-me, incomodar-me, assustar-me, dar por certo que é assim, irremediavelmente, a produção desta época.

Parece-me que o que deveríamos fazer é não nos omitir. Não nos omitir do ponto de partida: o modo pelo qual nos relacionamos, nós mesmos, com a leitura e com a escrita. Mas: em que consistiria essa omissão? Na verdade são muitas omissões, nenhuma delas deve ser entendida como acusação sem motivos: nossa leitura, cada vez mais escassa, cada vez menos literária e mais midiática; os pactos cotidianos em torno da brevidade e da fragmentação ou redução dos textos que estão em jogo nas práticas institucionais; o desprezo pela escrita criativa, ensaiada, de espírito livre; a naturalização artificiosa que supõe que procurar é ir em direção às ferramentas de busca; o desterro das bibliotecas nos confins dos espaços escolares; e o que me parece mais decisivo e mais trágico: certa destruição do passado.

Não gostaria apenas de sobrevoar essas questões. Renegamos os outros porque não escrevem, ou porque não escrevem com suas próprias palavras, ou porque não se soltam, porque não escrevem de um modo *soberano*, não tecem seu próprio discurso ou o discurso resultante nos resulta incompreensível. Mas: como seria possível fazê-lo? O que permitiria aos outros escrever alguma coisa que valesse a pena, que lhes valesse a pena?

Escrever como escutar.

Ensinar a escrita é mostrar a escrita, é vê-la, revelá-la, entregar-se a uma gestualidade que não reconhece princípio, duração e final. A escrita é ensinada na própria escrita, durante a escrita. Para além dos métodos, das práticas, da persistente vontade ou da tentação de desistir, escrever não encontra uma trajetória simples, despojada de labirintos, nem uma sequência que admita progressão ou culminação: a escrita é esse mistério que permanece escrevendo a si mesmo.

Em *La palavra heredada*, Eudora Welty (2012) – escritora que foi comparada a William Faulkner no âmbito da literatura norte-americana do século XX – propõe um profundo exercício de memória: de onde provêm os primeiros sons, as primeiras leituras, a relação com o que se vê? O que é que torna possível a escrita como início de uma ação, cujo desenlace é ignorado? Como se conjugam as experiências de escutar e atesourar as palavras, de ser lido e, talvez, escrever, de olhar para o mínimo, para o que não tem nome e nomeá-lo de novo e de novo?

Ninguém sabe como se aprende, como é possível reter para si a propriedade da língua, que trajetórias ou travessias se convertem em acertos ou desacertos na escolha de uma palavra, uma cadência, uma descrição. Acontece que tudo ocorre *ao contrário*, talvez como lembrança e não como propagação de uma ideia, talvez como um fragmento de uma memória matizada e não como uma intenção de vontade; acontece, quem sabe, com a percepção ulterior do imperceptível, e, mesmo assim, nem sempre, não com certeza, não definitivamente.

Welty recorda, por exemplo, os vestígios poderosos do escutar durante sua infância: escutar as canções que seus pais assobiavam pela escada de sua casa – sua mãe no primeiro andar, seu pai, no banheiro; escutar sua mãe cantando dia e noite; escutar a primeira vez em que lhe foi oferecida a leitura: "Desde a primeira vez que leram para mim, e desde que comecei a ler por mim mesma, jamais existiu uma só linha que eu não tenha ouvido" (WELTY, 2012, p. 32).

Escutar: todo pensamento nasce em outro lugar, em outra solidão, em outra pessoa. A noite não pode ordenar a vontade, nem os rios percorrem os lugares que desejamos. Uma ideia qualquer se sustenta pela força brutal daquilo que não tocamos nem olhamos, pela banalidade de acreditar apenas no que está em nossa frente ou por toda a desídia que se torna indiferente às palavras. O que pensar? Como fazê-lo quando não se vai em direção às palavras, mas as palavras é que vêm até nós? Escutar a partir do anúncio de um abismo: aquilo em que acreditávamos antes não eram mais que muletas que caem ao caminhar-se. Escutar como fragilidade: o sentir vem primeiro. Escutar como tremor da língua: deveríamos nos calar se quiséssemos que alguma coisa acontecesse.

Além de tudo, lembrar-se da fina e sinuosa aprendizagem do olhar: o ver no sentido de aprender a compreender ou, melhor, de perceber; aprender a duvidar, a identificar a diferença entre as luzes e os volumes, as superfícies e as trevas, a candidez do dia e a esmagadora insensatez da noite.

Olhar: fazer de conta que é possível acariciar as esquisitices, tocar a parte mais esquiva do sol, ou a curva do relâmpago, ou a transparência dos lados da chuva. Olhar com prudência, para que o tempo carregue sua própria solidão. Olhar com estupefação: como se o desejo estivesse aceso desde antes. Olhar com ternura: como se não existisse nada mais do que a infância. Olhar com simplicidade: o olhado não precisa ser nomeado nem arrastado. Olhar como acompanhar um corpo ainda indeciso. Olhar para afirmar o presente, o que permanece, nem muito longe, nem muito perto: olhar enredado ao redor. Olhar como o oposto de escapar-se. Olhar como escutar.

Lembrar, enfim, do encontro com a voz, com nossa própria voz: a emergência do relato, o descobrimento do dizível, da falta de lógica das sequências entrelaçadas com os fatos, a paixão por contar: "A voz reestabelece ali a corporalidade, a gestualidade no modo de significar. O discurso já não é ali uma escolha na língua, ou operadores lógicos, mas a atividade de um homem que realmente está falando" (MESCHONNIC, 2007, p. 148).

Encontrar a própria voz: descobrir o próprio passo, o próprio peso e a própria leviandade, a breve e fugaz medida dos átomos, das circunferências e das páginas escritas ou ainda em branco. Remover-nos de nós mesmos, daquilo que nós somos, daquilo que de nós se sabe: o idêntico a si mesmo não provoca nada que não seja a sandice e saturação. Dirigir-se ao mundo: às tumbas dos poetas, aos céus próximos, ao passado menos recente, à duração do frágil, aos gestos que ainda estão imóveis. A voz como uma retirada: ir para longe de casa, longe de todo ponto de partida. A voz como respiração: nada se diz no sufoco. A voz como a fuga da apatia, da tirania, do vozeirão. A própria voz como o regresso a esse nosso lugar onde nunca estivemos antes.

Escutar, aprender a ver, encontrar uma voz: tal a sequência que não se pode repetir, a desordem sustentada, em que a escrita encontrou um lugar onde entender-se, fazer-se matéria e, depois, se fosse o caso, dar-se a ler: "Em primeiro lugar, é preciso escrever, naturalmente. Depois, continuar escrevendo. Inclusive quando não interesse a ninguém, inclusive quando temos a impressão de que nunca interessará a ninguém. Inclusive quando os manuscritos se acumulam nas gavetas e os esquecemos para escrever outros" (KRISTOF, 2006, p. 67).

A escrita em suas próprias palavras.

Escrever poderia significar contar experiências próprias com palavras próprias. Mas não parece que sejam bons tempos para isso, isto é, não existe a certeza – como a tínhamos, talvez, algumas décadas atrás – de que a escrita seja o modo evidente e eficaz para esse propósito. Nós que transitamos pela vida acadêmica somos reprimidos fortemente ao *escrever nossas próprias experiências* – em lugar de pesquisar ou estudar a realidade de outros – *com nossas próprias palavras* – em lugar de adequar-nos às palavras que estão em voga.

O discutível modelo da escrita acadêmica se instalou vertical e transversalmente no mundo educativo como se houvesse algum proveito decisivo nisso. Ensaiar, narrar ou contar não parecem ser registros amigáveis nos dias atuais. Não podemos dizer, portanto, que a petição seja razoável, ou nem sequer acessível, quando a atmosfera na qual se espera que alguma coisa aconteça com a escrita e com a leitura tornou-se ao menos turva ou, diretamente, asfixiante.

Se não se trata somente de escrever o que acontece com nossas próprias palavras, teríamos que sair em busca de outras experiências e de outras palavras. Mas isso é literatura, me dirão. E eu responderei que sim, sem dúvidas. Mas não só. Na petição pela escrita não cabem muitas opções mais: ou se trata de um pedido arraigado em tradições e racionalidades pedagógicas ou, por clara oposição, o pedido é literário, isto é: tocar o limite da linguagem, tocar suas formas, encravar a metáfora, a imagem, dar voltas ao redor dos instantes para que durem para além do possível.

Na escrita há ausências e presenças: a ausência do escritor e a presença do leitor; ausência do escritor, que já deixou a marca de seus traços, e a presença do leitor, que, nesse instante, começa sua intenção de decifrá-los, de torná-los próprios, de transformá-los e, então, de abandonar-se em seus próprios rastros de leitura.

Mas: o que é que está ausente e o que é aquilo que se torna presente na escrita? Não se trata somente de uma ficção que se opõe àquilo que é *real* e o simula, disfarça, evita, mas mais exatamente de uma provocação criada pela falta de demarcação entre o que existe e o que não existe, o que comove tanto pelo que se faz presente quanto por aquilo que se escapa. A ausência e a presença da alteridade.

Sem o outro, a escrita está despojada de alteridade. E, se despojada de alteridade, não há escrita. A escrita é um ato propositivo que se volta para o outro para que sua ficção se complete, mesmo na incompletude da língua. A palavra de um não acaba por delinear-se até que sobrevenha a palavra do outro: "Escrever é um ato que transborda a obra [...] escrever é deixar que outros fechem por si mesmos a palavra própria de alguém, e o escrever não é mais que uma *proposição* da qual nunca se sabe a resposta" (BARTHES, 2003, p. 376, grifo do original).

E o que é o transbordar-se para além e para aquém do escrito, senão a inauguração de algumas presenças até aqui ausentes, de presenças que chamam o ausente, de presenças que tentam traduzir as ausências? O escritor não fecha a palavra, ao contrário, dá a possibilidade ao outro de fechá-la.

Muito já foi escrito sobre o modo como a linguagem assume a aparência do ausente. Ou mais ainda: sobre o modo como a linguagem torna presente aquilo que estava ausente. Ou então: sobre o modo como a linguagem resgata o ausente de sua intraduzibilidade e o torna menos opaco, menos difuso. Por isso vale a pena perguntar-se como é que a linguagem torna uma ausência possível e como torna possível, também, uma presença.

Essa é a dupla impossibilidade da linguagem. E é, também, sua dupla potência.

Escrita como estranhamento.

Sem estranhamento, sem perplexidade e, de certo modo, sem o desvanecimento do *eu* não seria possível pensar, nem sentir, nem tocar a escrita.

Ter domínio da linguagem não deixa de ser uma ilusão, uma crença, mas também uma traição para com nós mesmos. O que anima a escrita? O que origina o gesto do escrever, senão essa estranha necessidade de traduzir como for possível aquilo que excede à razão, o que provoca o naufrágio, o que transborda, o que é ignorado e continuará sendo?

O alheio, o outro, é também a distância necessária para que alguma coisa aconteça: se tudo fosse interioridade, se tudo tivesse a ver com o que faz parte de nós e é nosso reino, se cada escrita procede de uma voz íntima, certeira e confessional: onde está a estranheza do diferente, do que não se repete, do que é contingente? Como seria possível escrever sem sentir de verdade que é possível olhar, como dizia Pessoa, como se fosse pela primeira vez?

Olhar, pensar, sentir, ler, escrever como se fosse pela primeira vez. Trata-se de ignorar o que tão mal foi aprendido sobre a razão do escrito, sua mísera argumentação, a crença de que algo deva ser necessariamente escrito, pois há alguém que espera com impaciência.

Escrever seria não sentir *a priori* que alguém espera que algo lhe seja dito e, muito menos ainda, que sejamos nós quem escrevamos. Também não é questão de pensar que é preciso tornar o mundo transparente para que outros o compreendam. Carecer dessa vitalidade impune: a nós a explicação, a eles a compreensão. Não assumir como própria nenhuma noção de possível *missão* para o ensino, para a leitura, para a escrita.

Mas não deixar de pensar que o mundo acontece entre brumas e que estamos sempre expostos numa nudez extrema. O que nos transborda é o incompreensível e o lugar de fragilidade é o lugar onde nos encontramos.

Escrever, por exemplo:

> Ninguém me pediu estas palavras. O que dizem não provém nem de um rosto, nem de uma lembrança confundida pelo tempo, nem de nenhuma ferida exposta. São escritas, porque sim, porque existe o enquanto tanto, porque existem coisas que não são nem estão dentro ou fora; são como esse choro ou esse riso que não vem por nenhum motivo; hábitos como chamarizes da solidão ou como imagens que ficaram órfãs. Existem palavras que se atiram ao ar, palavras que se amarram ao chão e outras que não dizem nada. Entretanto, alguém poderia supor que são essas as palavras que esperava, o que é completamente certo. Como se tivessem chegado de outro lugar, de outra época. Como se não tivessem destino, mas sim destinatários. Palavras que ao serem lidas criam, então, uma curiosa memória nossa: os traços dos nomes e dos pássaros, a infância que se esconde para não ser descoberta, um dia inteiro entre seus olhos, os avós que voltam de noite. Existem palavras que não são perguntas, nem dúvidas, nem respostas. A ninguém, a nenhuma pessoa as escrevo. A ninguém, a nenhuma pessoa, será dito o que é preciso fazer, como sonhar, de que lado do sol ou da montanha está seu mundo. Porque o silêncio pertence a cada um. E estas palavras poderiam ser de qualquer um (SKLIAR, 2015, no prelo).

Como chegar à escrita.

Se de verdade procuramos respostas para a pergunta sobre por que escrever, existe aí um duelo sem cartaz que se debate entre as razões pedagógicas e as razões literárias. Não basta dizer que escrever é importante para o amanhã, que escrever serve para o futuro, que escrever serve para o trabalho ou para a continuidade dos estudos, que escrever garante uma ou outra posição de privilégio. *Escrevendo* é no presente, não no futuro.

As razões do escrever estão expostas desde o próprio início da escolarização e da literatura. De um lado, uma aposta pela civilização, o pertencimento cultural, a utilidade, o emblema do sujeito livre, o domínio da língua, da identidade, da avaliação, dos dispositivos cognitivos, das habilidades, das competências, do exercício, etc. De outro lado, a dificuldade em suportar o mundo e a si mesmo, a experiência do limite, do indizível, da desilusão para com a vida e com o humano, a agonia da morte, o desespero por dizer algo, a rebelião e a desobediência da linguagem, a trágica escuridão, a necessidade de alterar a realidade para poder sobreviver, etc.

Escrever *escrevendo*, sim. Mas: por quê? E quem responde?

As pedagogias mais formais da escrita tendem a uma argumentação utilitária e suas didáticas são modos de convencer alguém ou todos a escreverem no marco de um saber já preestabelecido com respeito ao funcionamento da língua e do texto. Outras pedagogias, talvez mais recreativas, abusam de um expressionismo sem fim em que, além de tudo, não se vislumbra nenhuma leitura ao seu redor. Em certos casos a escrita não aparece senão como a contrapartida diagnóstica de um ensino prévio ou como uma maneira de registro que desaparecerá no dia seguinte. Em outros casos, é um meio entre o precário conhecimento anterior e o conhecimento sucessivo, superior. Às vezes sobrevém o jogo do escrito, mas apenas como uma espécie de desânimo ante a impotência de não saber como deixar a escrita liberta a sua própria sorte. Outras vezes ocorre como prótese de uma comunicação que, em boa parte dos casos, poderia resolver-se por outros meios.

A argumentação literária da escrita não está fora dela, não é exterioridade, mas intimidade, uma intimidade que pode ser encontrada na própria revelação presente nos textos dos escritores; para dar alguns poucos exemplos de uma lista interminável: escreve-se, se está escrevendo porque se quer defender a solidão na qual se encontra (por exemplo, Zambrano, Duras); porque de outro modo o mundo seria o que é: insuportável (Pamuk); porque é a única invenção que serve para distrair-nos da morte (Elytis); para que a água envenenada possa ser bebida (Maillard); para tentar reparar uma ferida (Pizarnik); para jamais se deixar surpreender pelo abismo (Cixous); para saber escrever, porque nunca se sabe escrever (Banville, Neuman); para dissimular a incapacidade de fazer outras coisas ou por não querer fazer nenhuma outra coisa ou para não trabalhar como técnico administrativo (Vila-Matas); para colocar-se ao lado dos que sofrem a história e não dos que a fazem (Camus); não para compreender, e sim para incorporar (Barros); para continuar sendo a si mesmo, mas não escrevendo o mesmo (Bernhard); ou também, para fazer perdurar o instante (Szymborska, González), etc.

Sabemos da existência de didáticas que justificam suas razões pedagógicas e que fazem escrever porque é preciso fazê-lo ou porque é importante para o amanhã ou porque sem a escrita ninguém será nada.

Mas, é possível, então, sequer imaginar didáticas da escrita, cujo epicentro se encontre inexoravelmente na morte, na última palavra, no tédio, na dificuldade de suportar o mundo, na resistência, na alteração do real, na solidão, no desespero?

A pergunta continua sendo a mesma a cada pessoa nova, desconhecida, anônima ou diferente daquela a que pretendemos oferecer a escrita. Essa pergunta não é: o que é a escrita? Mas sim: como chegamos a ela? E não se trata de boas razões fundadas nas virtudes de nobres testemunhos que prestam conta de como sabem agora algo que antes não sabiam. É questão, mais exatamente, de poder ler ali onde a escrita não é código ou sistema, mas atravessamento. Por exemplo:

> Como cheguei à escrita? Não teria sido necessário ter primeiro "as boas razões" para escrever? As misteriosas, para mim, essas que nos dão o "direito" de escrever? Eu

não as conhecia. Só tinha a "má" razão, era uma paixão, algo inconfessável – e inquietante, um desses traços da violência que me perturbava. Não "queria" escrever. Como poderia "querer"? Razão, não havia nenhuma. Havia algo de loucura. Algo de escrita no ar ao meu redor. Sempre próxima, sempre embriagadora, invisível, inacessível. Escrever me atravessa! Tinha vontade de repente. Um dia me vi acossada, assediada, tomada. A escrita me tomava. Estava sobressaltada. De onde? Não sabia nada. Nunca soube. Numa região do corpo. Não sei onde está. "Escrever" me capturava, me agarrava perto do diafragma, entre o ventre e o peito, um sopro dilatava meus pulmões e deixava de respirar (Cixous, 2006, p. 7-8).

Não ir à escrita, então, mas chegar a ela. Deixando de lado as boas razões que assistem as boas – e falsas – consciências; não esquecendo nunca das más razões, teimosas e inevitáveis, que anunciam a escrita no estremecimento, no tremor, na sacudida, no sobressalto, no inconfessável.

Para aquém e para além do texto – que sempre será incompleto, que necessitará de leitores, sobre o qual nunca se dará por satisfeito – escrever é como haver chegado ao meio de nosso próprio corpo.

Escrita do instante.

É possível que o poético seja a origem e, de passagem, o conhecimento? Tradicionalmente, a ideia de conhecer supõe o movimento da razão, da possibilidade de reconhecer o objeto e da apreciação conjunta da moral e do cognitivo.

Quando Platão em *A república* – particularmente no Livro X – pensa na poesia, não deixa de pensar também no necessário ordenamento da *pólis* e na educação. Nesse sentido, o domínio das emoções é tudo. Se uma ideia é, constitutivamente, a transparência entre o conhecimento e sua representação, o poético se transforma em um nocivo equívoco: sacode o interior da alma, a confina à distração e à perda da ordem. Assim, a poesia reúne péssimas qualidades: é danosa, irracional, suscita emoções ambivalentes, não tem lei, encerra um perigo para os cidadãos.

Mas – e seguindo aqui a Mársico (1998, p. 54): Como seria possível conciliar esse receio de Platão por uma república virtuosa, essa desconfiança sobre o poético que, ao mesmo tempo, sugere abandonar, deixar de lado, prescrever ou proibir o belo, o estético, enfim, a arte? Não seria preciso pensar algo para além de uma simples contradição ou uma omissão ou um deslize entre *A república* e, por exemplo, *O banquete*?

Talvez seja Diotima quem tenha a resposta. Há um trecho em *O banquete* em que ela se dirige a Sócrates para introduzi-lo no discurso erótico do amor, na rede ascendente da beleza. E o faz como se se tratasse de uma travessia educativa, quer dizer, sugerindo que esse percurso pelo amor precisará de outro para ser cumprido:

> Eis, pois, o método direto para abordar as questões eróticas ou de ser conduzido por outro: começar pelas coisas belas deste mundo, tendo como fim essa beleza em questão e, valendo-se delas como escalas, ir ascendendo constantemente, indo de um só corpo a dois e de dois a todos os corpos belos e dos corpos belos às belas normas de conduta, e das normas de conduta às belas ciências, até terminar, partindo destas, nessa ciência de antes, que não é ciência de outra coisa que não seja da beleza absoluta, e chegar a conhecer, por último, o que é a beleza em si (PLATÃO, 2006, p. 73-74).

Depois do desacordo de Platão – sobre se a poesia é ou não é conhecimento, se a poesia é ou não é fonte do conhecer, sobre se os poetas devem ou não devem pertencer à cidade ou ser expulsos dela – muita filosofia e muita poesia passou diante de nossos olhos e de nossa leitura.

María Zambrano, em *Filosofía y poesía* (1993), sugere que uma das diferenças entre o filósofo e o poeta radica na duração do assombro. O que fazem os filósofos e os poetas com essa duração do assombro ou, inclusive, com a duração do instante?

Qualquer resposta seria de uma generalidade imprópria. Mas alguma coisa há ali que poderíamos pensar: a tarefa da filosofia – salvo exceções muito nítidas – resulta de não permanecer demasiado tempo nem no assombro nem no instante e de procurar melhor a lei ou sua regularidade ou sua estrutura ou sua possível formulação conceitual. Como se sua função consistisse em completar o instante e reduzir a multiplicidade a uma unidade legível – na corrente contrária de Deleuze ou Lévinas ou Derrida, para mencionar somente os mais conhecidos; como se obrigasse a despir-se das aparências; como se precisasse sustentar o discurso atento diante dos relâmpagos e dos estouros do mundo.

Talvez, se houvesse alguma tarefa na poesia ela seria a de insistir com o instante, permanecer ali, mesmo cego, desorientado, quase sem palavras. Tudo o que desejaria um poeta é que o instante permanecesse e durasse. E sobram os exemplos.

Assim escreve, por exemplo, Wisława Szymborska (2010, p. 17): "Evidentemente exijo demais: tanto quanto um segundo". Ou neste outro fragmento: "Até onde alcança a vista, aqui reina o instante / Um desses terrenais momentos / aos quais pedimos que durem".

Ou como no seguinte poema de Teresa Taffarel (2007, p. 12): "Escrever o instante / que não é pouco. / Inventá-lo, tentá-lo com palavras indóceis. / Acomodar os signos em desacordo com o dia. / Saber um pouco mais ou um pouco menos. / E adivinhar que amanhã / haverá outro rascunho indecifrável".

Ou na escrita de Ángel González (2008, p. 43): "O que permanece / tão pouco já / seria suficiente se durasse".

Ou, também, no seguinte fragmento do poema de Philippe Jaccottet (2006, p. 41-42): "Habitarei, sem tremer tanto, as fortalezas de areia, / pois só desejo, agora, algo inalcançável, / essa palavra dita num sopro à boca que espera / e essa bruma, um instante tão somente no astro de olhos ardentes".

Sustentar a dualidade entre conhecimento e poética – entre teoria e poesia: "Mostra uma dupla ignorância. Da poesia. Da teoria. Como se a poesia fosse o concreto, que seria fácil. A teoria, o abstrato, difícil. Duplo clichê e astúcia da razão do signo [...] A poesia fácil, o fora de moda, enunciaria sentimentos. O difícil, o moderno, seria exploração da linguagem, busca formal" (MESCHONNIC, 2007, p. 141).

Deixar, de uma vez, de sustentar as dualidades. Deixá-las cair, vencer-se, quebrar-se, abrir caminho para o conhecimento, que é sensação, que é percepção, que é poesia, que é acontecimento, que é contingência, que é desejo: que é linguagem.

A escrita *em voz alta.*

Um dos últimos livros de Chantal Maillard, *Bélgica* (2011), fala sobre viagens, travessias, trajetos e itinerários. É dito ali que há viagens que podem ser contadas e outras não. De algum modo, como leitor, posso apreciar que, para Maillard, a escrita encontra uma condição própria, um estado particular ou uma contingência específica durante as travessias.

Às vezes, as travessias são inaugurações de mundos que não conhecíamos e que sem desejar conhecê-los – conhecer, no sentido mais pauperizado e mais ocidental do termo – os atravessamos e nos atravessam; outras vezes, têm a ver com regressos, partículas de atmosferas que parece que só podemos recuperar com a escrita.

A escrita de *Bélgica* é um relato de ambas as coisas: ir em direção ao que se ignora e voltar a um lugar já desconhecido. A escrita que se move, porque se fica quieta é possível que não aponte senão para um si mesmo guardado, quase inerte. Talvez tudo isso devolva à escrita seu germe, seu início: o movimento, ou melhor, o gesto.

Nesse retornar e regressar há um fragmento de *Bélgica* que me comove particularmente e que talvez seja um desses motivos que desestabiliza uma parte da humanidade – sobretudo aquela que se pergunta de novo e de novo pelo passado, de novo e de novo pela transmissão, de novo e de novo por como chegamos a ser o que somos – e pelos que vale a pena viver: a herança. Não a tradição entendida como uma grande arca fechada e sem chaves à vista, mas a percepção de que viajar para frente sugere, em algum momento, um encontro com o que passou, mas que não é passado.

Regressar, com dúvidas, com tremores, ao que é anterior a nós e que, portanto, nos excede, é maiúsculo. O fragmento em questão diz: "Depois de muito duvidar, finalmente aceitei a herança de meu avô. No final das contas, era minha história, e a única prova que me restava de havê-la tido" (MAILLARD, 2011, p. 161).

Aceitar a herança parece ser um gesto afirmativo. E o é, sem dúvidas. Se há algo que não compreendemos deste mundo é seu desprendimento quase abismal a respeito das pegadas que criaram outros lugares por onde transitar. Aceitar a herança poderia querer dizer: não quero nem posso esquecer-me nem do outro, nem de mim no outro.

Ter uma história e voltar a ela. Perceber que, talvez, ao voltar, permaneçam esses lugares da infância – ou da memória da infância – onde já não estamos, já não somos. Assim o escreve Maillard: "Hei de ir embora. Agora sei que não há retorno. O lugar continua estando, continua sendo idêntico a si mesmo, mas eu não" (MAILLARD, 2011, p. 218). Essa é uma forma de viagem: regressar e saber que já não se pode retornar. A diferença abre um matiz sensível e perceptivo. Como se houvesse um novo vazio, agora habitado pelo passado, como se a paisagem da herança tivesse presenças e ausências e como se escrever não fosse outra coisa senão ficar nu no meio da escrita. E, talvez também por isso mesmo, a tentação de deixar de escrever; de não fixar as palavras, pois sempre se movem para os lados: "Há uma lentidão que permite estar em perfeita união com o vivido, esse é o tempo da infância. Mas, a golpes apressados de lançadeira, tecemos o tempo dos calendários" (MAILLARD, 2011, p. 247).

Regresso. Retorno. Revir. Onde se encontra a escrita, onde procurá-la, se não na batalha entre o tempo da infância e o tempo dos calendários? E como não se sentir derrotados ou, pelo menos, cansados pelo abatimento que supõe perder, cada vez, essa batalha?

A escrita não é a questão primordial, concordo. Também não é o objetivo. É necessária uma teoria da escrita, ou bem: uma escrita sobre a escrita? Escrever, por exemplo, como faz Maillard em seu poema "Escribir": "Sem fazer concessões [...] com palavras pequenas [...] para curar com a carne aberta [...] para consentir? [...] para poder dizer tão somente o que conta [...] para que a água envenenada possa ser bebida" (MAILLARD, 2004, p. 69-89). Ou como expressa no livro de poemas *Hilos*:

"Voltar às palavras / Acreditar nelas. Pouco. Só um pouco / O bastante para subir à tona e pegar ar / e assim poder aguentar, depois, no fundo" (Maillard, 2007, p. 55). E num poema de seu livro *Conjuros*: "Não medirás a chama / com palavras ditadas pela tribo / não darás nome ao fogo / não medirás seu alcance" (Maillard, 2001, p. 63).

Há escritas em que se pode ler a escrita. Não se trata de uma promessa, de uma redenção, de uma solução para a dor; ao contrário: cada palavra – e não os signos já curvados pelo esgotamento de sentido – nasce em voz alta, afirmada, com uma fragilidade que fala com o mundo, o interroga, pede respostas, pergunta por que, o sacode, não o deixa em paz. A escrita como essa fragilidade que mostra o vulnerável da existência.

Mas tudo isso não indica uma novidade, mas uma diferença que poderia residir nos argumentos pelos quais escrever. É que muitos desses argumentos já estão escritos: o do automatismo, o da técnica, o do dispositivo, o pedagogismo moral, a intimidade encoberta, a extrema ficção, etc.

As razões não estão na mão que pensa a escrita, mas na voz que treme. Quando quem escreve é a voz e não a linguagem em posição e possessão da escrita, sobrevém o titubeio, a dúvida, a palavra partida ao meio, a afirmação da fragilidade. A voz, como arte e parte da respiração, é confessional e sabe e pode mover-se entre a dor, a paixão, os ossos, o sangue, os olhos, as vísceras, o estômago, as costas, o coração.

Uma escrita *em voz alta:* "A escrita em voz alta pertence [...] à significância, é sustentada não pelas inflexões dramáticas, pelas entonações malignas, pelos acentos complacentes, mas pelo tom da voz, que é um misto erótico de timbre e de linguagem e que, como a dicção, pode também ser a matéria de uma arte: a arte de conduzir o corpo" (Barthes, 2003, p. 108).

Entretanto, a questão é – e sempre foi – ter alguma coisa para dizer: este mundo não está expectante daquilo que está por ser dito. Já foram ditas tantas coisas que, inclusive, como esconjuro, é preciso saber deixar de dizer, pronunciar uma voz talvez mais tênue, mais austera.

Ou então: entregar-se à memória da voz do que já foi escrito.

4
Alteridades

Outras vidas.
Os outros aniquilados.
Os outros desconhecidos.
Culpas de alteridade.
Os outros desiguais.
Os outros diferentes.
Os outros anormais.
Outras crianças.
Outra infância.
Outros tempos.
Interrupções da infância.
Crianças interrompidas.
Infância entre norma e literatura.
Infância e infelicidade.
Infância e alteridade.
A velhice em nós mesmos.
A velhice e o cansaço.

Usar uma linguagem que se quebre justamente na região dos adjetivos. Quando o que é visto por outro nos comove, é possível que a água flua mais lentamente e que o tempo abrevie em seus contornos. O olhar deixaria de ser um par de garras para ser essa pele aberta que sustenta um pouco mais o tremor das palavras.

(Skliar, 2012, p. 42)

Outras vidas.

Existem vidas impossíveis de sentir, de tocar, de perceber. Vidas de outros, em outros lugares, em outros tempos. Fora da gente, de nós. Fora daqui. Sem alcance, sem captura.

Podemos pensá-las, isso sim, a partir de nossas próprias vidas, em nosso lugar, em nosso tempo. O resultado é, quase sempre, terrível: como se representasse o amor ou a guerra ou a fome ou a miséria através de um par de imagens ou de um par de substantivos e ficássemos satisfeitos.

A tentação de transformar uma vida alheia em vida passageira, a jactância para definir o insuportável e desfazê-lo em suaves proposições, o temor ao impróprio, ao verdadeiro, ao que está por baixo do chão e já não pode ser olhado, ao que se afasta e não pode ser ouvido, ao que se vai e já não permanece.

Qualquer tentativa de colocar-se na pele de outro comete uma heresia, pois se trata de uma sobreposição, uma usurpação, um sequestro, um ultraje, e não de uma contemplação, uma apreciação, uma disposição: como seria possível estar por dentro, adentrar-se e respirar numa idade que ainda não tenho ou já tive, um corpo que não percebo, um país que não habito, uma língua que não falo? Não existe modo de estar mais além do que somos: é ser e não estar? Quero dizer: se fecho os olhos, me encontro comigo, somente comigo, de novo e de novo. Quando fecho a boca, só encontro minhas poucas palavras.

Seria questão de prolongar um pouco a nós mesmos, mas prolongar-se quer dizer despedaçar-se, perder-se, desvanecer-se, deixar de saber-se, tornar-se irreconhecível. Arriscar-se a não se ver repetido. Ou, ao menos, tentar que aquilo que não sentimos, que onde não estamos, que aquilo que não dizemos, tenha sua outra gravidade, sua própria espessura. Seria preciso rachar a nós mesmos. Não pensar tanto para nós mesmos. Ou pensar sem nós.

Porque talvez só uma ficção nos ofereça a possibilidade de outra ficção. Uma vida que dizemos que é nossa graças a um relato que é de tantos outros. Tantas vidas que não são nossas graças a um relato que é de um só. Contar é ser sempre fugitivo. Contar é estar sempre foragido.

Dizer uma vida é colocá-la em outra travessia. Travessia não quer dizer sair, mas sair-se. A vida é a ficção ou é ficção o relato de sua travessia?

Sobram os exemplos.

Um homem com lábio leporino que atravessa a África do Sul em chamas (COETZEE, 2006). Não tenho lábio leporino nem conheço a África do Sul nem sinto o ardor das chamas. Que importância tem isso? Não o sou, mas poderia ser. E esse "poderia" pode tudo. "Pode" não é poder, é tremor, é quase, é talvez. Não se diz: sou, com efeito, esse homem. Assim se diria: talvez poderia sê-lo. Em algum pequeno fragmento ou em tudo.

Ou: um menino prodígio, que canta e recita e é amado (NÉMIROVSKY, 2009). Não sou esse menino, nem sou prodígio, nem canto nem recito, nem sou amado como menino que canta e recita. Devo sê-lo para comover-me? Devo ser exatamente o representado? Esse menino deixa de ser menino, deixa de cantar com voz afinada, deixa de recitar, deixa de ser amado. Não, não sou eu. E, contudo, outra vez, poderia sê-lo num instante de seu trajeto, num gesto, num olhar.

Ou: um homem na Segunda Guerra Mundial, no meio de uma trincheira, um cheiro nauseabundo, o impossível regresso, a mulher que espera (CLAUDEL, 2008). Quem sou, que sou: o cheiro, a agonia, a morte, o homem, a mulher ou a espera? Não sou, poderia sê-lo. Uma vez mais. Poderia sê-lo.

Em vez de uma afirmação, uma dúvida rotunda: o que poderia ser, se fosse. O que seria, sem sê-lo. O que estou sendo porque outros foram. E, assim, sucessivamente: em descendência e em ascendência. Desde e para todos os lados. Gostaria de reconhecer o cheiro do porto a uma hora específica numa cidade da Idade Média. Não, não é "gostaria". É: "quereria". O impensável fato impossível. Mas agora está certo. É certo que quereria.

Quereria sentir a brisa que percorre Sócrates quando passeia.

Quereria estar no meio da mudança das estações numa aldeia perdida, remota, incógnita.

Quereria deixar de perceber o passar das horas num cárcere.

Quereria não morrer de repente, mas aos sorvos.

Mas não quero imaginá-lo por mim mesmo. Sozinho. Não alcanço, não chego, não posso. Poderia? Quereria.

Por isso procuro, desesperadamente, gestos que não são meus.

E que depois, mesmo que queira, também não chegarão a sê-lo.

Os outros aniquilados.

Os nomes que atribuímos a outros nunca se dirigem aos outros. Nomeamos, mas não lhes damos os nomes. Não os oferecemos: instalamos os nomes como signos devidos em uma realidade indevida. São nomes que nomeiam os outros, mas que não os chamam. Não os convocam a vir, mas a ficarem quietos, a permanecerem inertes. Nenhum nome mudou radicalmente uma relação. São termos para serem usados entre pares e para voltar a separar, de novo e de novo, os supostos ímpares.

Esses nomes são usados com veemência, mas ninguém suja as mãos nem enterra os pés. Descrevem o que seria o outro, se acaso o outro estivesse quieto, aquietado, ajustado aos olhos que se armam detrás da aparência civilizatória de uma ideia: Como te nomear sem seu nome? Que nome te dar se já te foi dado seu nome e é esse, esse mesmo, seu nome? Como te chamar se acaso não está próximo e sem me aproximar? É possível uma conversa em que não esteja presente, na igualdade mais generosa do início e na ternura mais extrema e intensa de nossas diferenças?

Durante o ano 1945 quase 750 mil pessoas com deficiência foram aniquiladas pelo regime nazista. Numa fotografia dessa época, no interior de um preto e branco quase sepulcral, podem ser vistos cinco prisioneiros de Auschwitz. Poderiam ser qualquer pessoa. Mas não são, ninguém é. Como fazermos para tornar legíveis as terríveis cifras da morte? Essas cinco pessoas, cinco prisioneiros com deficiência, estão com o corpo inclinado, desvencilhado, aturdido. Olham e não olham para a câmera que os retratará. Com seus pijamas listrados assumem uma pose desconcertada, inquieta, desesperada. Seus rostos são os da descompostura.

Quanto tempo faltará para que sejam assassinados? Por que tipo de sujas experimentações terão passado? Quais eram seus nomes, de onde eram, que vida terão levado até ali? De que eram acusados? Pergunto: o que vem depois da aniquilação, o que há depois da identificação de certos tipos de corpos que, em seguida, mais cedo ou mais tarde, serão condenados a diferentes mortes – a morte comum, a morte da experiência científica, a morte do extermínio, a morte da desagregação, a morte do exílio? Como seria possível conceber uma reconciliação com o humano?

De séculos de destroços, de séculos de confinamento, de séculos de separação e de séculos de exposição burlesca provêm as pessoas com as quais, hoje, pretendem a conciliação.

Os outros desconhecidos.

O imperativo da produtividade e da aceleração do tempo transformou a linguagem da conversa num repetido monólogo.

Praticamente não se conversa com os outros, nem sobre outras coisas: no melhor dos casos só se conversa entre os mesmos e sobre as mesmas coisas.

Alguém fala, alguém escuta – ou alguém explica, alguém compreende: isso já não é suficiente.

Talvez porque escutar não seja um gesto destes tempos: fala-se para conseguir adeptos, para entronizar-se, para fazer intrigas, para dizer tudo aquilo que já não é necessário ouvir.

Fala-se para que outros escutem, sim, mas pede-se demais em troca: uma presença que não pisque os olhos, sequer, um perfil difuso de uma vida que se pensa inexistente. Assim, um corpo não fala a outro corpo, mas a uma silhueta totalmente ofuscada. Um homem ou uma mulher falam; um homem ou uma mulher escutam: isso já não é suficiente.

Alteridade significa estranhamento, perturbação, alteração, acaso. E desconhecimento. Mas, não o desconhecimento que está a ponto de ser conhecido, de intumescer-se, de submergir-se, de afogar-se. O desconhecimento é o estado permanente do desconhecido. Não é um limite, é uma interioridade: "'Desconhecido' não é o limite negativo de um conhecimento. Esse não saber é o elemento da amizade ou da hospitalidade infinita do outro" (DERRIDA, 1998, p. 17-18).

É, será preciso conversar com desconhecidos.

Conversar com desconhecidos significa não conhecer o mundo de antemão, não conhecê-lo jamais, sentir-se parte de uma peça irremediavelmente descomposta, olhar para a imensidão como se nunca tivéssemos deixado de ser crianças, permanecendo no estado de infância.

Aquilo que atrapalha a *poética do conhecimento* frustrado é, justamente, o labirinto da travessia, a incapacidade de traçar linhas retas ou utilitárias, o modo pelo qual nos expomos ao que percebemos.

Os encontros com outros proporcionam uma sensação mais de *interrupção* que de acaso. Quer dizer: atravessar o mundo supõe – dissimulando ou não, encarnando-o ou resistindo a fazê-lo – um permanente encontro e desencontro com corpos e vozes de desconhecidos.

Estar no mundo e estar na poesia talvez suponham, desse modo, algo parecido: desestimar qualquer ideia ou vestígio de normalidade, de hábito, do encolhimento de ombros que significa que *as coisas são assim mesmo*. Ali é onde morre parte do mundo e, também, parte de nós mesmos.

Se de verdade escutamos, se de verdade olhamos, se de verdade nos ocorre alguma coisa para além do relato aprazível de nossa existência, as interrupções comandam a linguagem, oferecem uma espécie de ditado.

Gostaria de olhar é nos olhos do mundo; é ao outro – desconhecido – a quem suplico seu ditado.

Mas não, não se trata de sair. Não é necessário ir para longe. É preciso sair de si, retirar-se, o que não significa a mesma coisa. Sair de si é estar exposto, é atender, é escutar.

Acontece que o mundo é mais interessante que o eu que o percebe, que o explica e que o ordena. Não se trata do transbordamento, da incontinência, mas do sentir em carne viva o passar dos desconhecidos, o acaso das conversas, as irrupções do inesperado.

Uma escrita que nasce a partir do estremecimento diário. Por exemplo:

> A anciã de pés frios e olhos pequenos dava dois passos e se detinha. Outros dois passos e tornava a deter-se. Ao caminhar, sofria do peso de várias vidas sobre sua pele. Ao parar, respirava queixosamente e um rubor de brisa negra ascendia pelo seu rosto. "A senhora está bem?", perguntei-lhe. "Sim", disse entrecortada. Absorveu todo o ar do universo e continuou dizendo: "Na minha idade se está bem, mas bem lentamente (SKLIAR, 2014, p. 47).

Alguma coisa transborda, alguém transborda. Algo ou alguém que não se busca e, entretanto, existe, está.

Escrever terá a ver, então, com esse encontro com o desconhecido e com os desconhecidos e terá que tentar que a linguagem não traia a surpresa.

A surpresa: essa forma inexata e balbuciante que assume para si a perplexidade.

Porque um desconhecido traz uma voz nova, uma irrupção que pode mudar o pulso da terra, um gesto nos faz rever o já conhecido, a palavra antes ignorada.

É questão de escutar, não de concordar. Concordar ou não com algo que não pensávamos ou não olhávamos antes não tem a menor importância.

Sim. É só questão de escutar.

Como se não houvesse outra coisa senão uma linguagem que nunca é nossa, feita de fragmentos que jamais se possuem.

Como se por um instante o distante se tornasse próximo e quem se aproximasse fosse próximo.

Como se se deixasse os ouvidos no meio do caminho e se prescindisse de toda palavra conhecida.

Como se cada um dos desconhecidos encarnasse a possibilidade de uma verdade.

Culpas de alteridade.

Nunca é suficiente a crueldade para com os mais fracos, os bobos, os imbecis, os retardados: atirados de cima dos montes, deserdados, desabrigados, abandonados a sua própria sorte e morte, condenados a um ostracismo, proibidos do livre arbítrio, excluídos e incluídos como se se tratasse de entidades independentes, jamais absolvidos de suspeita ou má intriga, despojados de si, angelizados e demonizados.

Nunca é demais a suspeita, a injúria, a tolice que impede ver o humano para além de um espelho liso, sem marcas, sem dobraduras.

O corpo, por exemplo, se converteu num torpe desenho de linhas magras e retas, "um corpo inoportuno, indiscreto no mundo dos corpos, inaceitável" (NANCY, 2007, p. 42).

A inteligência, por exemplo, tem boa reputação, mesmo que seja arteira, assassina, déspota, humilhante, grave. A falta de inteligência – dessa inteligência altaneira e vazia – é percebida como uma ausência absoluta, incapacidade para ser, estar, existir, carência de presença, abandono do futuro, turva incontinência de animalidade.

À infelicidade generalizada é acrescentada, aos fracos, aos bobos, aos imbecis, aos retardados, outra infelicidade ainda maior: não lhes é permitido escolher sua própria nostalgia, sua própria melancolia, nem sua própria gargalhada. São vistos como inúteis, inclusive, para a reta escravidão, para a servidão dócil, abandonando-os ao trabalho pesado, à fabricação de objetos repetidos.

Inúteis para compreender as somas e as dedicatórias, para avançar com sucesso, para ser alguém-outro na vida, para montar empresas ou para ser caloteados por elas, para saudar os ministros, para sorrir por obediência e para permanecer calados na hora do concerto, insistem em andar pela rua assustando as crianças e seus pais de colarinho branco.

De vida errada e confinada, são aprisionados com um halo de ninharias: nada para pensar, para procriar, para mentir, para sonhar, para proteger-se da chuva, para entender a morte, para escutar.

Os fracos, os bobos, os imbecis, os retardados – se algo assim existisse, se algo assim pudesse portar esses nomes – são metáforas de um mundo estreito, absurdo e apressado. Mostram as brechas, os orifícios, por onde o mundo da soberba e da ostentação se derrama e se perfura de hipocrisia e espanto.

Metáforas erráticas da vida falsa, imagens desbotadas da vida falseada: nossa ignorância é de tal magnitude que, verdadeiramente, acreditamos vê-los em sua obscura existência; nossa torpeza é de tal autoritarismo que, verdadeiramente, acreditamos ver-nos em nossa limpa existência.

"Já não se nomeia essas pessoas desse modo", dizem.

E a linguagem, exausta, responde que é assim como os sente e pensa. Mesmo naquelas histórias em que a inteligência não tem papel algum, a culpa dos fracos, dos bobos, dos imbecis, dos retardados, é evidente ou se torna evidência.

Por exemplo: no verão de 1944, na cidade americana de Newark, uma terrível epidemia de poliomielite foi deixando sua tenebrosa marca entre as crianças e os jovens. O que parece ser uma doença distante e alheia começa a ser sentida como próxima e própria. Ninguém, nem sequer os famosos médicos, sabem de onde vinha ou como se disseminava: será a comida, as cuspidas dos italianos, a imundície dos lixões, o ardor inclemente do verão? Será que vinha da cidade mais próxima, ou serão os judeus, ou estará no meio do suor das brincadeiras nos pátios das escolas?

Essa história se encontra em *Némesis*, de Philip Roth (2011), um romance de linguagem seca e abatida, cujo protagonista é um professor que deve transitar entre o adeus a seus alunos mortos, a compaixão infinita em relação a seus pais, o cuidado para com aqueles que ainda não adoeceram e a necessidade de sustentar com sua linguagem esse frágil equilíbrio das suspeitas generalizadas, da culpabilização a granel, do desperdício do egoísmo.

Durante esse verão asfixiante e sepulcral se retorce o rumo da pergunta que todos ali pronunciam sem trégua. Já não se tratava de: o que causa a poliomielite?, mas de: como se propaga a epidemia?

No povoado vive Horace, um retardado mental que costuma vagar sem sentido pela cidade e que, de vez em quando, passa pela escola para ver as crianças brincando, sem outra intenção senão a de ficar quieto num canto e, quando possível, apertar-lhes as mãos. Assim o descreve Roth:

> Passava Horace de novo, sem dúvida em direção ao centro, sem compreender que era sábado e que, no verão, o comércio fechava ao meio-dia aos sábados. Não estava claro que compreendesse também o que significavam "verão", "centro", "fechado", ou "meio-dia", assim como o fato de que não caminhava pela sombra da rua provavelmente significava que era incapaz de elaborar um pensamento rudimentar para conceituar "sombra" ou ao menos buscá-la por instinto, como faria um cão num dia semelhante (ROTH, 2011, p. 50).

No povoado, todo mundo estava extenuado e histérico, esgotado e em tensa vigília pela brutal calamidade. O confinamento se torna cada dia mais sufocante e somente alguns, os menores, saem às ruas para participar da colônia de verão. Todos ali estavam à flor da pele e com a suspeita como uma arma de fogo no centro do olhar e na ponta da língua.

E ocorre, então, a segunda transformação da pergunta sobre a pólio, a mudança de entonação que sai à caça do réu. Já não se trata de saber nem o que causa a pólio, nem como se propaga, mas quem tem a culpa da epidemia. Como não acusar, então, Horace, alguém que não conhece o sentido das palavras, que expõe seu corpo, sem consciência, ao calor insano do meio-dia e que nem sequer tem os instintos de um cão? Quem melhor que um ignorante para atribuir-lhe a culpa de haver transmitido a pólio pela cidade? Quem, senão Horace, incapaz de defesa, incapaz de linguagem, incapaz de tudo, pode ser o mais perfeito dos culpados?

Disse um jovem estudante: "Ele a está disseminando [...] Tenho certeza. Não deveria ter perdido as estribeiras, sei que esse homem é um retardado, mas não está limpo e propaga a doença. Vai de um lado para outro, baba aqui e acolá, aperta a mão de todo mundo, e é assim que dispersa os germes por tudo quanto é lugar" (ROTH, 2011, p. 95).

O professor tentava desestimar essa acusação e convencê-lo de que ninguém sabe como se propaga a poliomielite. Mas os dados estão lançados: ninguém conseguiria tirar as sombras que se erguiam sobre Horace, ninguém queria pensar melhor ou de outro modo, todos desejavam que houvesse um culpado: "Você não vê quem está propagando a doença porque é um ser muito indefeso! Mas, não só indefeso: é perigoso! Você não entende [...]? Não sabe limpar a própria bunda, então contagia todo mundo!" (ROTH, 2011, p. 95).

Esse é o culpado: aquele que não sabe, aquele que não se dá conta, aquele que é inconsciente dos atos que podem causar ainda mais tragédia, o sujo, o retardado, o fraco, o imbecil, o incapaz.

Quando a suspeita recai sobre o indefeso, a culpa é ainda mais perfeita, mais incontestável, mais rotunda.

Uma culpa atada a uma linguagem falaz – acusadora, instigadora, nervosa, desonesta – que ninguém contestará e que, em seguida, se propagará como a epidemia de poliomielite.

Os outros desiguais.

A mãe se senta em frente a mim, do outro lado de uma longa escrivaninha. Somos muito jovens os dois e, contudo, a vida nos colocou em lugares tão opostos, tão desiguais, que é impossível olhar-nos como somos fora daqui: seres como quaisquer outros.

Ela é a mãe de um menino com problemas – está inquieta, cheia de dor no corpo. Eu sou um profissional – sem graça, temeroso de mostrar minhas mãos, carregado de palavras difíceis.

"Preciso que responda algumas perguntas", digo-lhe num tom cerimonial que não provém da minha garganta, mas de um lugar mais longínquo, talvez desértico. Ela assente, porque está ali para isso: para sentar-se e assentir. A assimetria de vozes se torna cada vez mais profunda, mais abismal.

Pergunto: "Com que idade seu filho começou a falar? Quando começou a andar? Como reage quando alguém fala com ele? Como gosta de brincar? Ele fala enquanto brinca? O que gosta de desenhar? Ele reconhece estruturas gramaticais complexas?" – e assim uma pergunta após a outra, até cansar.

Quando levanto meus olhos do questionário para encontrar suas respostas, ela está me olhando com mal-estar. Ou talvez do extremo mais agudo da fúria.

– Mas o senhor já viu meu filho?

– Não – respondo-lhe – mas tenho aqui seu histórico, que já olharei.

A mãe me toma o braço e, furiosa, me conduz até a porta.

– Pois aqui está ele. O senhor está vendo? Nunca começou a falar, nunca caminhou, não brinca, não faz nada quando alguém lhe fala e não reconhece sequer o próprio pai.

O menino estava prostrado numa austera cadeira de rodas, o olhar perdido ou nunca achado, os dedos nulos, seu rosto detido na paralisia de algum vazio de seu corpo. E se foram. E me deixaram com minha escrivaninha, com meu questionário e minha ignorância. Durante anos tenho tentado, em vão, encontrar essa mãe e esse menino para pedir-lhes perdão.

Ainda que, de algum modo, já o fiz: jamais voltei a perguntar alguma coisa a alguém sem ter conversado antes.

Os outros diferentes.

"Diferença": uma palavra já pronunciada há muito tempo na Filosofia, antes muito antes que se transformasse numa palavra-objeto, numa palavra-política, numa palavra-pedagógica, numa palavra sem ninguém-dentro e sem ninguém-do-outro-lado.

"O homem é um animal que julga", dizia Nietzsche (1976, p. 173).

E a interpretação da diferença resume toda a covardia dos homens, toda sua incapacidade de estar no mundo entre outros, toda essa ignorância resumida no arremessar de um nome e esconder a língua.

"Eu o conheço, disse ele orgulhoso antes de começar com sua difamação", escrevia Elías Canetti (2005, p. 98). E esse é o orgulho maiúsculo dos especialistas: conhecer e difamar; atribuir essências e escapar dos redutos conceituais do mesmo; distanciar-se até tornarem-se indiferentes. São os que se incomodam o tempo todo com a alteridade do outro, e separam e juntam à vontade, se fecham por dentro e por fora: "Todo homem que decidiu que o outro é um imbecil ou uma má pessoa se chateia quando o outro demonstra que não é", volta a dizer Nietzsche (2001, p. 37).

Supor a diferença em alguns mas não em outros resulta de um longo exercício de violência. Usar a linguagem para enganar, para enclausurar, para reduzir, para enjaular, para agravar, para injuriar, para diminuir, engana, enclausura, reduz, enjaula, agrava, injuria e diminui a linguagem, mas, sobretudo, a relação, a vida.

Porque a diferença não é um sujeito, mas uma relação. Quando a diferença se torna sujeito, existe ali uma acusação falsa, e sem testemunho, de desvio, de anormalidade, do incompleto, castigada de discursos autorizados, renovados, sempre atuais, sempre vigilantes e tensos.

La edad del hierro, novela de Coetzee (2002), pode ajudar a pensar a diferença, nesse sentido. Trata-se de um encontro sub-reptício entre uma anciã e um vagabundo, em que o vagabundo sempre perde, porque é o suposto diferente: a obviedade do diferente para um olhar quieto e aquietado, para o olhar fixo e obsessivo, para o olhar adormecido. Se for observado de longe, é uma ameaça, um perigo, uma diferença a ser expulsa de nossa atmosfera de suposta tranquilidade. Se for visto de perto, a única coisa que se deseja é que seja um dos nossos, que seja semelhante a nós. Ali não há relação.

No romance, a anciã – professora de Filosofia, já aposentada, que vive sozinha e doente à espera da visita de uma filha – vê da sua janela a chegada ameaçante do vagabundo; seu desejo imediato é tirá-lo de vista, uma primitiva necessidade que a faz chamar as autoridades para que *façam alguma coisa com ele*. Ou, um pouco mais tarde – quando percebe que é impossível fazê-lo desaparecer de sua vista – a intenção é a de aproximar-se, oferecendo-lhe trabalhos inúteis, quase escravos. Incluí-lo para apaziguar seu próprio temor pelo desconhecido, para sentir-se no direito de opinar sobre a vida do outro: "O cheiro mais desagradável vem de seus sapatos e de seus pés. Precisa de meias. Precisa de sapatos novos. Precisa de um banho. Precisa de um banho diário. Precisa de roupa interior limpa. Precisa de uma cama, precisa de um teto sobre sua cabeça, precisa de três refeições por dia, precisa de dinheiro no banco. É muito o que dar" (Coetzee, 2002, p. 47).

As relações de diferença nada têm a ver com a exclusão ou com a inclusão: trata-se de uma necessidade de conversar, de usar as palavras para poder estar e, talvez, fazer coisas juntos. Mas não de qualquer maneira: ainda há um único modo de estar juntos, estar juntos não significa estar à vontade. Quem teria semelhante ideia?

Mas, se conversarmos, se entrarmos numa relação que não tenha o ânimo de fazer do outro um insosso semelhante, talvez a diferença valha a pena, talvez a diferença seja o que melhor narre aquilo que é humano. E para isso temos que ter tempo. Não formas de nomear: tempo. Não melhores ou piores etiquetas: tempo.

Porque quando não existe tempo, existe norma. Quando não há tempo, julgamos. Quando não há tempo, a palavra é a proclamação do exílio do outro, seu indigno confinamento: "O certo é que, se tivéssemos tempo para falar, todos nos declararíamos exceções. Porque todos somos casos especiais. Todos merecemos o benefício da dúvida. Mas, às vezes, não há tempo para escutar com tanta atenção, para tantas exceções, para tanta compaixão. Não há tempo, então nos deixamos guiar pela norma. E é uma lástima enorme, a maior de todas" (COETZEE, 2002, p. 94).

Com efeito, do outro lado do normal não está o anormal – e essa multiplicidade de figuras de anormalidade que foram inventadas e fabricadas ao longo da história, da cultura e da língua – mas o tempo ou, melhor dito, o ter ou não ter tempo. Se tivéssemos tempo para dar-nos tempo, se em vez de julgar apreciássemos, escutássemos, fizéssemos coisas em comum, não haveria nenhuma necessidade de nomear os outros como diferentes. Aos que não damos tempo, aos que interrompemos o tempo todo, aos que transformamos em corpos sem tempo.

Dizer a diferença, sim. Escutar a diferença. O mundo é uma imensa circunferência perfurada pelas exceções. E existem palavras demais para ocultar seu derrame, as águas que não se embalsamam, os sons afônicos, o caminhar manco, as costas vencidas, a aprendizagem curva, a memória casual, o corpo desatento, os ouvidos mudos, os olhos que olham numa direção que não conhecemos. Igualdade, equidade, diversidade, anormalidade, deficiência, necessidade, deficiência, diferença, desatenção, retardo, imaturidade, autismo. Quanto fastio.

O mesmo fastio que sente e padece, página a página, Michael K, aquele personagem de lábio leporino da autora do romance de Coetzee. "A primeira coisa que a parteira notou em Michael K quando o ajudou a sair do ventre de sua mãe e entrar no mundo foi seu lábio leporino. O lábio se enroscava como um caracol, a narina esquerda estava entreaberta. Ocultou a criança da mãe durante um instante, abriu a boca pequenina com a ponta dos dedos, e deu graças a Deus ao ver o paladar completo. Disse, então, para a mãe: – Deveria alegrar-se, trazem sorte para o lar" (COETZEE, 2006, p. 9).

Em *Vida y época de Michael K.*, Coetzee faz seu personagem atravessar toda a África do Sul em guerra, com a única vontade de espalhar as cinzas de sua mãe para, em seguida, realizar uma travessia de anonimato. Michael K se esconde milhões de vezes e não consegue cumprir seu desejo de não ser perturbado; prefere não conversar com ninguém, mas é interrompido por infinitas perguntas, infinitas inquisições. Prefere a solidão, mas sempre há mais alguém que lhe dirá o que deve fazer e o que não deve fazer. É, também, uma metáfora para a impossibilidade do retirar-se, do preferir não estar e não poder, um pesadelo interminável em que ninguém parece querer deixá-lo em paz. Michael se torna um ninguém metralhado por incógnitas que os outros não podem suportar para si; é um ser sem nome que ninguém deixará de nomear insistentemente:

> Quero conhecer sua história – escreverá o médico de um internato. Quero saber por que precisamente você se encontra envolvido na guerra, uma guerra na qual você não tem lugar. Você não é um soldado, Michael, você é uma figura cômica, um palhaço, uma marionete [...] Não podemos fazer nada aqui para te reeducar [...] E para que iríamos te reeducar? Para trançar cestas? Para cortar grama? Você é um bicho-pau [...] Por que você abandonou os matagais, Michael? Esse era seu lugar. Você deveria ter permanecido a vida inteira dependurado em um arbusto insignificante, num canto tranquilo de um jardim escuro (COETZEE, 2066, p. 155-156).

O desprezo pela diferença de Michael K é evidente. Como se o ser diferente fosse sinônimo de sobra, de desperdício. Como se o diferente não pudesse viver entre os homens e devesse sair do campo de visão do mundo. Como se fosse impossível ensinar alguma coisa ao diferente.

Diferente que já é considerado como ser-morto e, ao mesmo tempo, uma presença insuportável que nos torna testemunhos involuntários de outros modos de linguagem, de comportamento, de aprendizagem, de vida. E será o mesmo médico do internato quem, no final, conseguirá descrever Michael K. eticamente. Um modo de fazer justiça para com aquele que não pretende mudar, nem se transformar, nem ser melhor nem pior: "Sou o único que vê em você a alma singular que você é [...] Vejo você como uma alma humana impossível de classificar, uma alma que teve a benção de não ser contaminada por doutrinas, nem pela história. Uma alma que movimenta as asas nesse sarcófago rígido [...] Você é o último de sua espécie, um resto de épocas passadas" (COETZEE, 2006, p. 158).

Os outros anormais.

O que nos era dado a saber há algum tempo era que a normalidade se revestia com a imagem de um deus absoluto, incontestável, tirânico. Todos os nossos olhares se concentravam em suspeitar dos outros. E nos sentíamos a salvo: profissionais cuja tarefa era a de corrigir, identificar as ausências, ser impiedosos com os desvios, perseguidores de deformidades, falantes em ouvidos surdos, inteligentes ante os fracos, avaliadores eficazes. A deficiência – assim chamada – não era mais que um dado periférico que confirmava a norma. E a norma se erigia como centro de gravidade, como um ímã para o qual tendiam todas as nossas boas e nobres ações.

Mas, antes de sermos profissionais, alguma coisa deve ter nos acontecido. Fomos alunos. Em certo sentido, também nos olhavam com suspeita e, às vezes, com desprezo e humilhação. Também há outra história: a do medo ou do receio ou da ignorância ou do desprezo por aqueles seres extravagantes e alheios que faziam parte de nossas aulas ou de nossas ruas ou de nossas famílias. O humano como a supressão do humano, o humano como uma ideia mesquinha do humano, o humano como aquilo que não admite excepcionalidade, singularidade, irreverência, desatino.

Faz falta voltar a pensar nossa relação com aquilo que difere do que acreditamos ser nós mesmos. Faz falta, não só o sincero, a transparência ou a constrição. Faz falta alguma coisa a mais. Um gesto talvez desmedido. Não somente uma mudança de narrativas ou de biografias ou uma reescrita prolixa que corrija o sem sentido anterior. Uma ética e uma política da fraqueza. A própria vulnerabilidade como o cenário de nossa sensibilidade e nosso pensamento. A autonomia que, também, quer dizer deixar em paz. Não abandonar: deixar em paz.

É uma experiência da fragilidade porque se trata de um saber que está no corpo. A insurreição dos conceitos diante da complacência indiferente. Não estar impune quando falamos do outro, não estar imune quando o outro fala de nós.

A ingenuidade é tão perigosa como a obsessão. O território da diferença se encontra devastado pelas sucessivas cruzadas que tentaram acabar com a alteridade. Mesmo hoje, a cultura, o social e suas instituições atravessam campos minados: mudanças de nomes, cantos de sereia integracionistas, a supremacia excessiva de uma linguagem jurídica, o reposicionamento da ideia do normal, da beleza anoréxica e digitalizada dos corpos contemporâneos, não fazem mais do que oferecer-nos um espelho deformado, um espelho que não devolve a imagem irregular do humano, mas que produz outra imagem à semelhança da normalidade. Essa é uma questão de um medo milenar, de um misterioso e sempre astuto conceito de beleza, da incapacidade sempre suprema de tornar mais extenso o alcance do humano?

O que emerge hoje é, pelo menos, ambíguo. A travessia que consiste em desandar as próprias pegadas, o enraizar do normal como o natural, a confusão entre exclusão e inclusão e a pressão nefasta que exercem os corpos publicitários, não nos deixam em paz. Não os deixam em paz. Parece que a civilização se tranquiliza ao reconhecer, a suficiente distância, a existência da diferença. Mas de um modo encolhido, reticente, de forma jurídica mesmo que não eticamente. A linguagem dos direitos alcançou sua máxima aspiração e expressão. Contudo, sabemos que certo tipo de subversão e radicalismo se torna necessário. Já não se trata de um novo modelo de deficiência, nem de uma nova organização escolar, nem de inovadoras arquiteturas, nem das conhecidas políticas de identidade: a questão a ser indagada é sobre o si mesmo, o problema é o nós mesmos, cada vez que o igual, o comum, o normal são pronunciados como origem e centro do universo.

A razão que nos assiste para definir o outro sujeito se desvaneceu quase que completamente, pulverizada em seus argumentos e feita em farrapos em sua naturalização. Já não existe sujeito-uno ou, melhor dizendo, nunca houve um sujeito autocentrado, onisciente, capaz de encher-se e tornar-se absoluto, completo. Essa é a razão a ser desmitificada. Ser capazes de uma teoria da fraqueza, do fragmentário, do incompleto, e não mais como condição precária, de agonia, mas como aquilo que nos faz humanos. Não cair na armadilha que nos estendem as éticas estreitas, feitas na medida para cada um e que somente nos propõem resguardar-nos dos outros, mal os aceitando, mal os respeitando, tolerando-os.

Nesses espaços, nesses territórios e relações está o corpo, a centralidade do corpo, o ser um corpo e não somente tê-lo. A história da discapacidade é, também, uma história de mutilações, cerceamentos, distâncias extremas e desaparecimentos de corpos: corpos mancos, corpos surdos, corpos cegos, corpos frágeis, corpos monstruosos, corpos femininos, corpos pobres, corpos infantis, corpos dementes, etc.

Em diferentes tempos e espaços, certos corpos – e não outros – foram suspeitos de anomalia e julgados e condenados sem mais nem menos. Ninguém os esperava e ao tê-los em frente não houve mais nada senão a costumeira tensão do normal: "Tensão entre duas águas, entre o que está vivo e não deveria ter nascido, entre o que nasceu e deveria ter morrido. Nessas circunstâncias é fácil, pois, entender que não existe um lugar social esperando-os. Acabam ocupando um não-lugar, exilados no dito umbral. Com frequência a morte e a eliminação se personificam na mesma gestação. São objetos, não sujeitos, marcados pela morte" (BALAGUER, 2004, no prelo).

Talvez essa não seja uma resposta diante da complexidade da questão, mas é imprescindível que haja uma noção de corpo completamente distinta. Uma noção de corpos em relação, em que não exista nenhum vestígio sobre o que falta ou sobre o que faz falta. O fim da ideia do corpo normal. Fugir da obrigação de julgar. O encontro incondicional com o outro. A transformação de si mesmo em alteridade. Que a perturbação não seja, forçosamente, uma ameaça. Que as distinções não se conjuguem em etiquetas presas nas solapas dos outros.

Que haja uma primeira igualdade.

Igualdade como um amor à primeira vista.

Outras crianças.

Não é um problema de otimismo ou de pessimismo ou de intranquilidade. De amor ou de desamor pelas crianças, de ilusão ou desilusão pela escola, de esperança ou desesperança pelo educativo. Não se trata aqui de um caráter destrutivo nem instrutivo. Trata-se apenas da necessidade de pensar a criança (qual?), hoje (quando, onde?) nas escolas (quais?).

Não basta dispor de um retrato elaborado de antemão ou de uma fotografia instantânea ou de uma cinematografia veloz e evanescente. O tema – a criança, hoje, a escola – que não é um tema, mas uma avalanche de questões, exige uma parada, exige cuidado, mas ao mesmo tempo exige assumir riscos, exige colocar percepções extremas em jogo.

A infância, a nossa e a do mundo, tal como foi vista durante séculos pelo ideal humanista, não está, não existe, foi-se, dificilmente voltará, talvez nunca tenha existido. Se alguma vez essa alma sem linguagem, afásica, titubeante, fracassada, temerária, descompassada, colecionadora, sonhadora, ingênua, metida para si em seu próprio mundo, enroscada em suas próprias sensações existiu, corresponde a uma época distinta da de hoje.

Não sobreviveu nem à globalização, nem à escolarização cada vez mais precoce, nem às imagens pervertidas da propaganda, nem às representações ingênuas que continuamos reproduzindo entre todos. Não sobrevive nem à fome em demasia nem ao consumo demasiado. Torna-se outra coisa. Alguma coisa uniformemente sem forma. Alguma coisa que não é a "criança hoje na escola".

Isso não quer dizer que não haja algo parecido à infância. Restos, resíduos, retalhos, migalhas, que ainda podemos descobrir em algumas crianças ou em alguns adolescentes ou em alguns adultos. Jogos, sobretudo gestos, partículas da linguagem em ebulição, movimentos, ações, olhares. A infância é a memória da infância. Uma memória muitas vezes nostálgica, que não atinamos com descrever nem com descobrir nas palavras dos adultos que somos. Nem muito menos em dispositivos, planejamentos, didáticas, disciplinas, conceitos, teorias do desenvolvimento.

Outra infância.

Há um momento em que as ideias ou imagens ou discursos de infância se separam, não coincidem, não se entrecruzam, nem sequer se buscam para tecer alianças vitais. Enquanto dizemos que as crianças são sujeitos concretos, a infância bem poderia ser um estado, uma condição, uma duplicação que os adultos realizam sobre as crianças. Porque as crianças têm rostos, idades, semblantes, gestos, ações, dias, noites, sonhos, pesadelos, pernas, nomes. Quando tentamos encaixar as crianças na infância, algo muito se perde, evapora. Mas quando subtraímos as crianças da infância, também alguma coisa se perde, alguma coisa se esfuma. E em ambos os casos permanece certo gesto de desgosto, de desconforto, de dor, de indiferença.

Idade, geração, tempo, temporalidade, condição ou contingência? A infância é um estado germinal, a lagarta do homem que, como cruel paradoxo, só pode ser borboleta durante o pouco tempo que lhe resta de infância. Mas, ao mesmo tempo, é o humano já desenvolvido – isto é, já feito, já adaptado – quem se arrasta como lagarta, aceitando mais ou menos docilmente as regras mecânicas e mortuárias dos tecidos sociais consolidados. A criança não fala da infância, nem sequer em segredo, pois não é uma seita, nem uma assembleia, não há segredo nem mistério a revelar. A pergunta que sempre retorna e se faz cada vez mais ameaçadora seria: "não ver a criança pelo que é, mas pelo que poderia chegar a ser"; a brincadeira menos divertida talvez seja: "o que você vai ser quando crescer?".

Mas: o que poderia chegar a ser essa criança, essa criança que brinca agora, cala, pensa, imagina, desenha, trabalha, apanha, consome, vê televisão, passa séculos diante do computador, sente fome, está doente, escuta os gritos dos adultos, se aborrece, não quer ficar, se move, é olhada, é objeto de conhecimento, é desconhecida? E quem poderia ser essa criança, assim em geral, quando começamos a olhar seu chão, sua casa, seu entorno, suas coisas, seu bairro, seu sexo?

Quando dizemos alguma coisa sobre essa criança, ela já não está presente. É o inapreensível e por isso só podemos mencionar a marca do seu rastro em nós. Uma espécie de cometa fugaz cuja luminosidade se perdeu no próprio umbral do discurso sucessivo.

Clarice Lispector escreve sobre a criança deste modo tão cru, tão belo: "Como conhecer jamais o menino? Para conhecê-lo tenho que esperar que ele se deteriore, e só então ele estará ao meu alcance. Lá está ele, um ponto no infinito. Ninguém conhecerá o hoje dele. Nem ele próprio [...] Um dia o domesticaremos em humano, e poderemos desenhá-lo. Pois assim fizemos conosco e com Deus." (LISPECTOR, 1999, p. 240-241).

Esperar que se deteriore, que se torne adulto. Fazer com que se ponha ao nosso alcance. Explicá-lo. Domesticá-lo para desenhá-lo, para traçar seu contorno, para dar a entender seu conteúdo. O hoje, o agora da criança como a impossível compreensão, inclusive, para a própria criança. Por isso tanto desatino na procura de uma resposta para o que é uma criança. O olhar pousa, então, no que poderia chegar a ser, em seu estado travestido de adulto. A escola cumpre sua missão a partir da deterioração. Ela gostaria de fazer outra coisa, mas insiste em fixar a infância num ponto quieto, prostrado, frondoso em representações, inábil para o encontro.

Entretanto, não é tanto o que poderia chegar a ser, mas o que a criança está sendo. É impossível imaginar outra fórmula, a não ser a de supor a multiplicidade e a complexidade do que um menino ou uma menina estão sendo. Mesmo assim, as palavras não tocam a infância: multiplicidade como "cada criança é uma criança diferente"? Complexidade como a atual simplicidade que já vamos resolver? A infância não é uma coisa que passa, mas uma duração, mesmo que não seja mais que a milésima parte do tempo do mundo. A duração de estar sendo criança. Tudo o que acontece durante e que, talvez, poderá ser recordado e esquecido. Gerúndio, não infinitivo. Ou então, infinitivo subdivisível de novo e de novo, em acontecimento.[5]

O durante das crianças seria, pelo pouco que sabemos e pelo pouco que saberemos um dia, um tempo não linear, não evolutivo, não unidimensional: "Talvez seja interessante precisar o que estamos outorgando à infância quando lhe damos um presente no tempo, sem um limite, uma fronteira, um instante, uma duração, uma intensidade, uma possibilidade, uma força ou alguma outra coisa" (KOHAN, 2011, p. 102).

Outros tempos.

O tempo das crianças não é linear, sobretudo para eles mesmos. Os gregos o chamavam *aión*. A intensidade dessa vida, em todas e cada uma de suas condições divergentes, não entra num relato fundado no utilitarismo das ações efetivamente realizadas. O acontecimento é disforme, é problema, é um começar a pensar sem haver pensado. Um "não sei" não apenas legítimo, mas sobretudo implacável. Não existe antes, durante e depois naquilo que fazem as crianças. Essa é uma narrativa que nós, adultos, buscamos desesperadamente com a finalidade de deter o irrefreável. Esse é nosso problema.

---

[5] "Qual é esse tempo que não precisa ser infinito, mas somente 'infinitamente subdivisível'? Esse tempo é o Aión". (DELEUZE, 2005, p. 27).

Interrompemos o tempo da criança perguntando: "Para que serve isso? Por que você está fazendo assim? O que significa? O que você fará com isso? Dê-me um sentido daquilo que você está fazendo, mas dentro da minha lógica", etc. Não existe outra resposta senão: "para nada, para isso mesmo, para isso mesmo que está acontecendo agora, agora mesmo. Fora daqui não tem sentido, não existe, não está, não é". É a linguagem que já havia pronunciado o gesto, a ação, a força, o movimento. A linguagem do adulto sempre quer mais explicações. Não sobrevive sem elas.

O tempo das crianças não é evolutivo. Se fosse evolutivo, se passasse de um estado primitivo a um estado terminal, acabaria em seguida e morreria. Se toda trajetória pudesse ser medida como a passagem daquilo que não é ao que será, aquilo que será já não será a criança. Todo evolutivo conduz à morte. E o pior é que os teóricos e praticantes daquilo que evolui o sabem, mas nem sequer são capazes de nomeá-lo. Eles se detêm, sempre, um pouco antes da morte. Acreditam na perpetuação e, por isso, são mesquinhos com as crianças. Atribuem-lhe imaturidade, precariedade, incapacidade, demasiada ação, agitação, instabilidade, provisoriedade, debilidade.

O tempo das crianças não é unidimensional. Não acontece por concentração, disciplina, esforço, aplicação, dedicação. Acontece por animalidade. Se prefere, para não ofender os demasiado humanos, acontece por uma animalidade de afeição perceptiva. Afeição perceptiva: quando os ouvidos estão abertos, quando o olhar está aberto, quando a pele está aberta, quando o mundo chega incontinente a um corpo que o recebe sem escrúpulos, sem armadilhas, sem jurisprudência. O tempo das crianças nos deveria fazer notar essa animalidade que desperdiçamos, perdemos, subestimamos sempre e à qual devemos, pelo menos, infinito respeito. Porque a animalidade não é bestialidade nem monstruosidade nem desumanidade. A animalidade põe a humanidade em seu lugar, mesmo que pareça sempre o contrário.

Mas há um instante no tempo da infância em que a mensagem adulta chega decidida, indefectivelmente, mais cedo ou mais tarde, com melhor ou pior voz, sob a forma de ameaça ou de um estranho convite: "não se faça de tolo, não se faça de bobo", "quando você vai começar a levar as coisas a sério?", "nem tudo é brincadeira", "a língua é um assunto que não se pode levar na brincadeira", "é hora de começar a pensar no que você vai fazer da vida", "a vida é coisa séria", e outras frases do estilo. Uma espécie de traição: o adulto diz "basta" à criança. E o ritual do massacre acontece, com absurda e adulta impunidade.

O que acontece é uma interrupção abrupta da infância. Nem continuidade, nem evolução, nem progresso, nem circularidade, nem elipse: interrupções. O tempo da criança é uma ameaça à celeridade e à urgência adultas. Por isso o adulto interrompe o tempo da criança. Às vezes a interrupção é uma guerra, um exílio, uma bomba. Outras vezes ocorre sob a forma da fome, da miséria, do abandono. E outras vezes a interrupção coincide com o início da escolarização. Uma interrupção também pode ocorrer com suavidade, necessidade e elegância. Mas não deixa de ser uma interrupção.

Interrupções da infância.

Aquilo que se interrompe, entre outras coisas, é: o corpo, a atenção, a ficção, a linguagem. O corpo deve entrar numa determinada ordem – por isso a dupla pressão da propaganda e da medicalização; a atenção deve ser concentrada, fixada – por isso todas as crianças são suspeitas de hiperatividade, de desatenção; a ficção deve acabar e ser reconduzida – por isso a institucionalização, a escolarização; a linguagem deve deixar de trapacear, de fazer metáfora e passar a ser mais sintática – por isso a gramática e a retórica.

Mas, em qualquer caso, sempre haverá uma interrupção sobre o tempo das crianças: "Quão longos seriam os dias naquela época. Cada hora invocava uma vida que ia embora para sempre", escreve Fadanelli (2006, p. 52) em seu romance Educar a los topos. Agora o tempo se faz muito longo, se estende até o tédio completo, até a insignificância, até a outra duração: a da

Alteridades

cronologia simples e pura. Tudo o que era simultâneo, disjuntivo, inapreensível se torna sucessão, princípio e finalidade.

A interrupção no corpo das crianças. Seu ponto de partida é a animalidade, uma animalidade gestual, uma animalidade do movimento, do olhar, da exploração, da escuta. Uma animalidade indefesa rodeada de cuidados e descuidos. Uma animalidade rodeada de palavras que falam desse corpo: o que o corpo faz de fato e as hiperinterpretações sobre aquilo que faz por padrão. O corpo das crianças é um corpo que está no mundo recentemente e que se incorpora, sim, a ele como produto de uma tradição.

Mas a tradição apenas faz da criança um adulto à imagem e semelhança de outro adulto. O corpo da criança deve começar, novamente, inovadoramente, sua travessia e sua experiência. É um corpo que olha e não diz. O olhar precede as palavras. O gesto é uma frase que não acaba de ser dita, não porque seja primitivo, mas porque começa a ser lido por outro. Mas o corpo é, sobretudo, fricção, contato, contiguidade, roçar, toque, afeição. O corpo da criança é interrompido pelos códigos cifrados de uma distância sideral para com outros corpos. É um ensino de posturas a partir da impostura de um corpo que já deixou de sentir. E que ensina a ser corpo, deixando o corpo de lado, em outro lado.

A interrupção da atenção das crianças. O olhar se dirige a todos os lados, mesmo que algumas coisas sejam mais interessantes que outras porque se movem, soam, tocam, falam, esfriam, esquentam, são coloridas, assumem rugosidades, bordas, sensações. É uma atenção dispersa, não por imaturidade, mas talvez porque não haja ordem no mundo. Toda tentativa de ordenar o universo faz com que riam ou chorem como um animal. Atender é olhar e é escutar. E é começar a saborear, devagar, a infinitude e a complexidade do mundo.

Atender não pode ser exigir falar. A atenção é uma disposição, não uma virtude que possa ser medida. Mas é uma disposição indisposta, isto é, não tem nada a ver com a reta disposição para atender, para escutar aquilo que logo sobrevirá em forma de ordens pedagógicas. É todo o contrário da submissão, é a forma que assume a paciência quando criança. E a paciência possibilita escutar outras vozes, atender a outros corpos. A atenção é emprestada, não imposta.

A existência de tantas crianças desatentas é também uma rebelião. Atende mais aquele que finge que atende ou aquele que decide não atender? Quem decide quanto dura a atenção de uma criança? A frágil equação se resolve com a interrupção médica, publicitária e pedagógica: "você terá que atender a tudo, inclusive àquilo que não é interessante para você".

A interrupção na ficção das crianças. Trata-se de uma ficção de liberdade, do ilimitado, da totalidade e, por isso também, do abismo, do salto no vazio. Ficção daquilo que se abre, daquilo que está em aberto. Não há duplicação aqui, não se trata da criança que representa a si mesma em outra linguagem, com outra imagem, com outra composição. É ficção porque é ensaio.

A criança ensaia, existe a suposição de uma liberdade de espírito ou de livre arbítrio. As fronteiras são configuradas pela palavra "não". Com o "não" também se aprende, é verdade, mas não a seguir pelo interior da ficção. O enclausuramento da ficção ocorre por trancamento, por prisão real ou simbólica, por castigo, por surra, por proibições, por asfixia, pelo confinamento de uma língua única, desabitada, sem ninguém detrás dela.

> Trancavam-no frequentemente naquele espaço que acabava com o lado lúdico [...] Era um espaço absolutamente neutro, onde as funções dos gestos se anulavam: o movimento era desnecessário e quase ridículo. As paredes não eram superfícies estimulantes para um ser humano, muito menos em se tratando de uma criança. Precisamente por isso, era um espaço que esmagava a infância – uma massa pesada esmagando outra muito menos robusta, razão pela qual resultava impossível atuar ou pensar de forma adequada à sua idade (Tavares, 2012, p. 83-84).

O contrário da infância é isso a que poderíamos nomear como *uma estadia sem gestos*. O adulto sabe como confinar a infância, como derrotá-la. E, talvez, essa estadia sem gestos seja uma das metáforas do educar. Uma das mais frequentes. Uma das menos interessantes. Uma das mais ferinas.

A interrupção na linguagem das crianças. Uma linguagem perceptiva. Não de conceitos. Como os de alguns bons poetas e bons narradores. Percebem o mundo, entram e saem pelos sentidos, isso que os adultos chamamos de *informações*. Trata-se de átomos sonoros, de sons como interjeições, de vozes com gente atrás; trata-se de uma linguagem que, simplesmente, acontece. Acompanha o que se faz, o movimento, o gesto. Não é um planejamento utilitário. Mas está longe de um *nonsense*. Pode ser um esboço da linguagem que virá. Mas aquilo que virá é a substituição das percepções pelas concepções. Essa é uma exigência que qualquer criança deverá acatar. Uma linguagem perceptiva a condenará aos confins da aula e a uma multidão de suspeitas. Existir uma linguagem de percepções quer dizer pronunciar uma linguagem feita com o corpo. Uma linguagem que passa atravessada, encarnada. E há quem jamais recupera essa possibilidade e se instala na amargura das linguagens de direção única.

As interrupções, então. Interrupções sobre seu corpo, sobre sua atenção, sobre sua ficção, sobre sua linguagem. Essas interrupções ocorrem sobre todas as crianças. Antes ou depois. Em maior ou menor medida. Com mais amorosidade ou com mais crueldade. Com mais autoridade ou com mais autoritarismo. Com mais homogeneidade ou com mais diversidade. Com mais exclusão ou com menos inclusão. Dá no mesmo. Subentende-se que a vida está interrompida durante a vida. Também a educação poderia ser o deixar-nos de interromper e dar abertura às irrupções.

Crianças interrompidas.

O menino selvagem de Aveyron foi interrompido. Não era lobo, era uma criança. E o endireitaram, permitiram que bebesse sozinho, se assim o pedisse em correto francês adulto.

Permitiram que passeasse sozinho se calçasse os sapatos, se vestisse a camisa e se penteasse o cabelo. Isolaram-no para humanizá-lo. Ensinaram-lhe a linguagem e terminou seus dias exposto num circo da periferia. É claro que isso aconteceu há muito tempo. Foi o momento em que o desconhecido quis ser intensamente conhecido. Do infinitamente ignorado ao abismalmente detalhado. Da exclusão à inclusão, do desconhecer ao julgar. De ignorar a prometer. Da indiferença à domesticação.

As crianças desatentas, surdas, cegas, pobres, caladas, imigrantes, autistas, espectrais, desproporcionais são interrompidas o tempo todo. Às vezes, inclusive, até a morte. Os meninos que brincam de ser meninas e as meninas que brincam de ser meninos são interrompidos. As crianças que olham para outro lado e os que olham fixamente são Interrompidas. As crianças que não moram em casas bem construídas são interrompidas. As crianças submetidas a um *on-line* permanente em suas casas, são interrompidas. Interrompidas com intromissões que se naturalizaram e que carecem de toda naturalidade. A exclusão como indiferença, a tolerância como pensamento frágil, debilitado, bem acomodado à época.

As crianças padecem a interrupção de sua infância.

Infância entre norma e literatura.

A linguagem do direito sobre as crianças: o que dizer? Correndo o risco de ser mal compreendido, não parece outra coisa senão a coroação de certo tipo de linguagem sobre a criança, cujo refinamento serve, sobretudo, à caneta e à consciência dos adultos.

É claro que é preciso cuidar das crianças, protegê-las, alimentá-las, dar-lhes saúde, família, lazer, educação, etc. O que está em discussão aqui é se isso corresponde a tudo o que poderíamos fazer; se não nos ocorre pensar que, uma vez proclamados os direitos, nos retiramos satisfeitos para continuar a escalada de negligência e abandono. Se, como já aconteceu com outras declarações universais ou particulares, não expressa somente uma descrição paradoxal de um mundo que se obstina em demonstrar exatamente o contrário de sua prédica, um *mea culpa* pelas barbáries cometidas cotidianamente.

Também os discursos sobre a infância são interrupções. Como ver uma criança sem ver ali a infância como substantivo e o infantil como adjetivo? Isto é: como ver uma criança em si, não essencialmente, sem atribuir-lhe nem caráter angelical, nem domínios demoníacos, nem a planície do nada?

A tradição, nesse sentido, pode ser também filosófica, ou pedagógica, ou psicológica, ou literária, ou cinematográfica, etc. Mas são tradições que não se cruzam, que não querem misturar-se. Às vezes, sim, o fazem a filosofia e a literatura; a literatura e o cinema; o cinema e a filosofia; e, muitas vezes, o faz a psicologia e a pedagogia.

Ver uma criança: disputa entre conceitos ou necessidade de deslocamento da linguagem com a qual nomeamos o impreciso?

A literatura, por exemplo, é fecunda em imagens sobre a infância. Talvez porque ela gostaria de recuperar o impossível: sua atmosfera. Não só o tempo mítico, mas o cheiro, o sabor, o que toca a pele, os sons ainda indecifráveis, a solidão iluminada, a aventura sem limites. E por isso insiste em escrever sobre ela. Muitas vezes por meio dessa linguagem perceptiva que já foi interrompida tantas vezes. Com essa linguagem que se volta para a ficção da memória e que nela encontra, embora não essa mesma atmosfera, alguns indícios, certos gestos, fazendo-os voltar a um tempo atualizado.

Um dos escritores mais nostálgicos nesse sentido, Proust, reúne em suas lembranças sua própria criança com seus próprios livros, numa atmosfera totalmente possível:

> Talvez não haja dias mais plenamente vividos em nossa infância do que aqueles que acreditávamos deixar passar sem vivê-los, aqueles que passamos com um de nossos livros preferidos [...] Quem não se lembra, como eu, dessas leituras realizadas durante as férias, que ocultávamos sucessivamente em todas as horas do dia, suficientemente aprazíveis e invioláveis, como para poder acolhê-las. Pela manhã, ao voltar do parque, quando todo mundo havia

saído para dar um passeio, eu me colava na copa, onde até a hora do almoço não entraria ninguém (PROUST, 2012, p. 59-60).

Marcel Proust escreve sobre uma infância que não quer ser interrompida. Ler é não ser interrompido. Proust, em busca do tempo perdido; uma pedagogia que deveria ser compreendida como uma relação com as crianças que não interrompem a infância. Há aqui uma dica importante: a pedagogia cujo mérito estaria na não interrupção da infância. Mas, além disso, fazer durar a infância todo o tempo que fosse possível. Fazer durar sem artifícios, deixar que a infância seja infância todo o tempo possível, com toda a ambiguidade que essa frase encarna.

Peter Handke caminha pelas ruas, pelos povoados, pelas cidades, senta-se num parque e olha para as crianças através de uma escrita perceptiva que evita todo contato com aquele "eu já sabia, já conhecia". Em sua já conhecida "Canción por ser niño", escreve: "Como é possível que eu, o que eu sou / não fosse antes de existir / e que um dia eu, o que eu sou, já não serei mais este que sou?". Handke olha e detém o tempo com a escrita.

Ensinar a escrever, ensinar a ler talvez não tenham outro destino nem outro motivo: será para deter o tempo, para não enfurecer-se contra a vulnerabilidade; para não morrer tão rápido, para não morrer tão prontamente, para não morrer tão mortalmente.

Infância e infelicidade.

De todas as interrupções da infância, a escola, a escolarização, é a mais conhecida nesse tempo chamado modernidade. A escola é o lugar onde a maioria das crianças vai tornar-se adulta. Geralmente, tornam-se adultos homens, inclusive as meninas. Sobretudo, tornar-se adultos homens brancos, normais, com futuro de trabalho em tempos de crescente desamparo.

As crianças entram no mundo como uma expressão do novo e devem, cada vez mais rápido, tornar-se velhos: trabalhar,

Alteridades

deixar de brincar, adaptar-se, normalizar-se, viver nas grandes cidades, pensar seriamente, falar por falar, opinar e informar-se.

Por mais que demos voltas com o assunto, sempre haverá a sensação de que educar no mundo-tal-qual-é, tal como o fizeram alguns adultos, contradiz, completamente, não só aqueles velhos ideais, mas também aqueles outros mais recentes: diversidade, equidade, emancipação, igualdade, inclusão.

Peter Sloterdijk, em *El extrañamiento del mundo* (1998), fala da finalidade da educação, da *paideia,* em termos de infelicidade. Ou, melhor dizendo, o educativo compreenderia uma travessia das crianças, que se caracteriza pela passagem de uma esfera de felicidade para uma esfera de infelicidade; como se educar não fosse mais do que *adultizar* e como se a condição adulta fosse a da infelicidade e do *infelicizar,* sem nenhum ânimo de metáfora.

Mas não há também idealismo, ideal humanista, ao falar da infância em termos de felicidade? Duas coisas são certas. Primeira: que nas grandes cidades e em suas instituições sociais e culturais os adultos estão infelizes, literalmente. Segunda: que mesmo nas condições mais cruéis e desesperadoras, as crianças continuam sendo crianças.

Os modos educativos estão afiançados e se radicalizaram nas últimas décadas. A linguagem que pronunciam não passa de um conjunto reduzido de palavras que marcam a missão educativa ao redor de termos como "universalizar", "incluir", "fazer equitativo", "produzir igualdade", "avaliar a qualidade", etc. Não há muito mais. Parece grandiloquente, mas não é mais que uma maquiagem para um rosto abatido.

Ao mesmo tempo em que ingressam mais crianças, há maior quantidade de problemas de atenção, de problemas de comportamento, de problemas de aprendizagem. Os sistemas, que hoje excluíram, prometem a inclusão. Por onde seja: à direita e à esquerda. Mas os sistemas continuam sendo injustos porque os bairros são, as cidades são, o mundo é. Não existe igualdade, porque ela é suposta como um ponto distante no destino e não um ponto de partida com o qual se possa olhar o mundo.

Esses modos de olhar exigem da escola uma tarefa virtuosa e improvável: fazer da escola quase que o único e último reduto de convivência possível. Um laboratório de pacificação, colocada em jogo de valores e desenvolvimento de competências, cuja imagem futura, lembremos, já está destruída pelas sucessivas crises nacionais e internacionais. Hoje o jovem e o adulto, aos quais se faz referência quando se educa as crianças, estão à beira da morte: se aprende-se a ler e a escrever, se vai-se à escola, se somos sérios, então haverá vida. Mas já sabemos que não. Que a vida está e sempre esteve em outro lugar.

Enquanto isso, as crianças da televisão insistem em ser saudáveis, felizes e ingênuas; usam celular, vestem-se com a roupa da moda adulta, vivem sempre em casas com jardim, explicam a seus pais, heterossexuais, como usar o computador, são acompanhados por raças de cães reluzentes, praticam esportes de mais de onze jogadores no campo e, na maioria das vezes, inclusive, representam executivos em potencial.

Se há algo emancipatório, mas não de civilizador na tarefa de educar, poderia ser o ato de desprender as crianças de razões de ser futuras tão improváveis quanto em franco processo de desmoronamento.

Por isso, o que é exceção causa surpresa, admiração, parece fora do mundo. As crianças são essa exceção. Um nascimento comporta a duração do novo. Aquilo que não sabemos. Esse acontecimento tão repetido pela Filosofia e tão narrado por certa literatura e certa cinematografia. Mas: a educação o repete para si mesma? Será a educação capaz de narrá-lo nessa linguagem para o interior do institucionalmente educativo?

O novo não é, somente, uma rajada, um relâmpago, uma sílaba: é a novidade de um mundo que, de outro modo, permaneceria ressecado, infértil, detido na absurda repetição de si mesmo.

Como receber o novo, como fazê-lo sem saber de que se trata, que rumo tomará, que travessia seguirá sem nós? Trata-se de um gesto entre tempos, entre passados e porvires, um gesto pequeno, humilde: "Mas não poderemos ajudá-los a descobrir

Alteridades

esse novo que eles e elas trazem se nossa humildade não está moldada também pelo reconhecimento de todo o bom e todo o belo que nossos antecessores nos legaram; o legado da cultura na qual nós nascemos e que nos permitiu ser agora o que estamos sendo ou aspiramos ser: professores e professoras das novas gerações, para que meninos, meninas e jovens encontrem esse 'alguém diante de quem perguntar-se', como tão bem diz María Zambrano (PÉREZ DE LARA, 2010, p. 2).

Infância e alteridade.

Antes as crianças ficavam quietas ou se moviam entre infinitas lendas inaudíveis. Nós, os que fomos crianças, um dia, recordamos a quietude da tarde e o abismo da noite. Tínhamos quem falasse conosco, quem nos acariciasse, quem lesse para nós. Os adultos odiavam as crianças que não fossem crianças. Ficavam angustiados se não tivessem diante deles um corpo dócil, a absoluta réplica de si mesmos diminuída, bastarda, escrava. Nós também tivemos medo de zombar de nossa própria infância acomodada.

> Quando você estava, não havia muitas dessas pessoas sem casa. Mas agora são parte da vida cotidiana. Assustam-me? No conjunto, não. Pedem um pouco, roubam um pouco; sujeira, ruído, bebedeiras, nada mais que isso. O que me dá medo são os bandos de vagabundos, os pivetes de modos rudes, ávidos como tubarões, sobre os quais já começam a cingir as primeiras sombras do cárcere. Crianças que zombam da infância, da época do assombro, do crescimento da alma. Suas almas, seus órgãos da perplexidade, atrofiadas, petrificadas (COETZEE, 2002, p. 122).

A relação com as crianças é uma relação de alteridade. De estranheza. De mistério. De tremor. De perplexidade. De perturbação.

Dependendo do que façamos com tudo isso, a relação terá matizes diversos. De aproximação amorosa ou de indiferença brutal. A estranheza pode pulverizar-se até converter-se em pó.

Ou o mistério pode ser desvelado, mesmo que saibamos como se reduzem os mistérios a poucas fórmulas do conhecimento. O tremor é uma sacudida e também é emoção. A perplexidade pode ser reduzida a poucos segundos. Ou durar toda a vida. A perturbação pode importunar, incomodar, ofender. Ou começar a fazer parte de nós mesmos.

O mundo deve às crianças alguns gestos que lhes foram subtraídos. Gestos corporais, gestos de atenção, gestos de ficção e gestos de linguagem. Já não é o caso de sentir-nos satisfeitos com a não interrupção. Existe alguma coisa a mais: distender, demorar e alongar o tempo das crianças. Se houvesse que dizê-lo numa única frase: a tarefa de estar entre crianças consiste em fazer durar a infância todo o tempo que for possível.

Deter-se com elas num corpo que não sabe de divisões nem de regiões de privilégio; deter-se com elas numa atenção que é plural, sensível; deter-se com elas numa ficção de tradições, travessias e experiências; deter-se com elas numa linguagem que quer brincar com a linguagem.

A velhice em nós mesmos.

Foi no já citado romance *Educar a los topos,* de Guillermo Fadanelli, onde li que: "todos merecem a morte, menos os velhos" (2006, p. 71). De todas as mortes previsíveis, a dos velhos me causa uma singular angústia. Talvez porque, em geral, eles morrem sós, sem eles mesmos, sem ninguém à vista. Abandonados, pelo menos, duas vezes.

Eu olho para os velhos. Eu converso com velhos.

Por exemplo: o homem altíssimo e deselegante que passeia com seu cachorro desastrado e minúsculo; o que ajusta as calças compridas quase na altura do peito enquanto seus pés ficam descobertos. Poderia dizer que seu pequeníssimo cachorro caminha entre suas meias. Falo com ele frequentemente sobre paragens distantes, sobre a música clássica e, em especial, sobre sua época de líder de não sei qual revolta. Ficou sozinho, seus filhos vivem no estrangeiro e ele desenha, sem muita graça, cada um dos rostos de seus conhecidos, me diz que é para nunca esquecê-los.

Ou o senhor de muletas eternas que conversa todas as manhãs com o vendedor de jornais e revistas. Às vezes me aproximo e mantemos conversas insossas sobre o tempo – não percebo que não se trata do tempo, mas do passar do tempo. É digno de ver-se, sustentado por duas muletas muito gastas, sabe-se lá de que época. Sei que ele gosta de ir ao cinema e de cavalos, mas já não vai a nenhum lugar: nenhum lugar lhe é acessível.

Ou a senhora do quinto andar, que de um dia para o outro adoeceu e já não soube mais nada dela, até saber da notícia de sua morte. Seu esposo, ainda mais envelhecido, me contava sobre sua morte e, ao mesmo tempo, me abraçava. Uma tarde sentiu enxaqueca, na manhã seguinte se descompôs – como acontecem com os brinquedos ou com a comida – de noite perdeu a consciência e assim se foi da vida. Com o homem recordamos, naquela breve viagem no elevador, seu caráter plácido, aquela forma tão singular de dar o bom dia que fazia com que acreditássemos que, de verdade, algo assim era possível.

Ou o velho garçom da pizzaria da esquina que, mais que atender à clientela, apoiava-se no balcão, esquecendo da vida e olhava, com olhos perdidos, a televisão – às vezes apagada, às vezes ligada. É uma das poucas pessoas que ainda se penteia com gomalina e parte o cabelo ao meio. Quando serve a comida não olha nunca nos olhos. Ninguém, nem mesmo o dono, jamais escutou sua voz.

Ou a velhinha que todos os dias carrega bolsas com as compras de frutas e verduras, tudo por meios quilos. Dá quatro passos, respira ofegante, apoia o peso sobre o chão, observa para os lados e volta à sua lenta caminhada. Nunca entendi que ofegar queria dizer: ajudem-me. Por isso ela agradecia às pessoas, que passavam, de antemão. Mas ninguém a ajudava.

Por que os velhos me atraem?

Atrair quer dizer tantas coisas: amar, agradar, gostar, mas, também, não poder evitar ser capturado por um centro de gravidade caprichoso e singular. O mais evidente: meu amor para com meus próprios avós, para com os parentes de meus avós, para com os amigos de meus avós: a ternura, sim; a umidade intensa dos olhos, também; o desejo de ser convocado nas conversas, claro. O querer dizer alguma coisa e o preferir não fazê-lo. Mas há algo a mais, algo que se me revela tão próximo quanto ambivalente, algo que posso tocar com a ponta dos meus dedos: a imagem, cada vez mais presente, da minha própria velhice.

De certo modo acredito na sabedoria dos velhos e, além disso, sinto que essa é a época em que se comete um dos crimes mais horrendos: o negar-se a escutá-los. Os netos se digitalizaram e não querem se distrair com as bobagens do passado, os jovens não lhes prestam nenhuma atenção, na televisão não aparecem velhos, mas sim impostores de velhos com dentaduras saudáveis e futuro de veleiros ou jardins impecáveis. Pouco a pouco suas vozes foram desaparecendo das rádios, só são notícia se superam os 100 anos ou se são assassinados com especial rancor, no trabalho e nas instituições são rapidamente aposentados e os apressam, em seguida, para uma homenagem póstuma.

Sou daqueles que acreditam na virtude da *presbistocracia*: gostaria de habitar um mundo em que os velhos escutassem nossas insignificâncias, fossem o templo da paciência e resolvessem as questões essenciais. Mas hoje os velhos estão reclusos no interior de centros especializados ou, quando os deixam em paz, estão a petrechados nos subsolos dos bares e dos clubes.

Mas é impossível dissimular o mais óbvio. Ver, escutar, estar com um velho supõe também estar diante da imagem do que seremos dentro de não muito tempo: as costas curvas, a boca pastosa, o andar cambaleante, a pele curtida e escamosa, a dramática perturbação da memória, as feridas expostas pelas quedas nas ruas, aquele olhar dirigido para todos os lados e para nenhum lugar, a linguagem ferida, o rosto golpeado por essas marcas que vão deixando o abandono progressivo daqueles que, ingratos, esquecem que estão no mundo não por condescendência, mas por descendência.

De todas as imagens da velhice, a que mais me dói é a que reúne a velhice com a loucura. Não posso com isso. Não poder, quer dizer: abatimento, desânimo, impotência. Há quem não possa com outras coisas: com os cachorros de três patas, com as crianças pedindo esmola, com o sorriso dos senhores bem arrumados, com as bebedeiras dos ricos, com o sorriso perverso de alguns políticos. Eu não posso com a demência dos velhos. Dobro-me todo de angústia ao vê-los, ou, inclusive, ao recordá-los. Pareço uivar. Não é que doa, como um dente, ou como uma tragédia distante, ou como pode doer o mundo: sinto doer. Adentro. No meio. No fundo. No centro.

Entre o desejo de escutá-los e a impossibilidade de olhá-los, predomina o primeiro. É mais forte o interesse por ouvir alguma coisa que vem de longe, do remoto indescritível, do já ausente e ainda difuso, do fatalmente perdido e, diante de tudo, de tudo aquilo que se não for escutado com atenção desaparecerá em breve. E já não haverá mais remédio senão esquecê-lo, ignorá-lo ou inventá-lo. E é uma pena terrível. A mais penosa de todas.

A velhice e o cansaço.

> A velhice é uma batalha, querido, se não é com isso, é com aquilo outro. É uma batalha implacável, e, precisamente, quando você está mais fraco e é menos capaz de invocar seu velho espirito de luta (ROTH, 2007, p. 120).

Os velhos vão se calando.

Ninguém os cala. Ou sim. Todos os calamos. Inadvertidamente. Ou sem escrúpulos. Pouco a pouco. Por falar-lhes demais. Por dizer-lhes tudo. Ou por não falar-lhes nunca. Por não dizer-lhes nada.

Os velhos vão se calando.

Esse é seu modo de partir, de despedir-se.

Não há última confissão, nem último desejo, nem última verdade.

Os velhos vão se calando porque viram demais. Vão se calando porque a linguagem já não lhes presta atenção. E porque se cansam da banalidade do novo.

É que: "O número de vidas num corpo envelhecido é insuportável" (NOOTEBOOM, 2012, p. 78).

E vão se calando porque irremediavelmente uma parte de seus corpos já está dentro do silêncio.

E quando se calam, todos começamos a falar demais.

A linguagem como encobrimento.

Como uma ofensa ao silêncio.

Os velhos são livros com suas páginas abertas no rosto.

Será preciso lê-los, não confiná-los.

5
Educares

Sentidos do educar.
Políticas fraternas.
Cuidar e descuidar do outro.
Ensinar a viver.
Educar como ensaiar.
Educar como singularidade.
Educar como dar tempo.
Educar como conversar.
Conversar entre diferenças.
A leitura pedagógica das diferenças.
Cenas do geral e do particular.
Do amor educativo.
O monolinguismo educativo.
Contra a explicação.
Razão jurídica e educação.
Gestos mínimos e educação.
Hospitalidade e educação.

Educar como mostrar, não como torção que leve à dor: mostrar a árvore que ainda não existe, a trajetória invisível de um som até a sua inesperada palavra, a rebelião de uma ideia e suas cinzas, o momento em que a chuva é posterior à sua pronúncia. Educar como indicar, não como acusação de ignorância: indicar o mais distante e o mais próximo, perceber o mínimo e esquecer o absoluto, olhar para os lados como quem submerge em turbulências. Educar como dádiva, não como mesquinhez dividida: dar o que nos vem, o que não é nosso, o que ainda não nasce nem morre, dar a voz que já se tinha no instante que não se sabia. Educar como partir, não como chegada ao porto.

(SKLIAR, 2015, no prelo)

Sentidos do educar.

É curiosa, para não dizer trágica, a frequente opinião que sugere que, nestes tempos, as escolas perderam seu sentido mais fundador, secular e decisório: o de educar a todos, a cada um, de acordo com o comum, para o bem comum. Essa opinião conserva uma tonalidade sombria, tosca, um encolhimento de ombros, certo olhar perdido que abandona a si mesmo. E, o curioso dessa expressão, o trágico dessa afirmação, é que em boa medida nasce e se reproduz entre aquelas e aqueles que sempre foram considerados por seu caráter imprescindível, sua inestimável possibilidade de criar vidas distintas, sua aplausível batalha por um mundo diferente, talvez uma das últimas fronteiras por meio da qual poderíamos pensar em ir mais além do que está dado, contra o que está dado.

Também é curioso que a suspeita sobre a não educação provenha sistematicamente de certo espírito midiático que o tempo todo acredita que não tem responsabilidade alguma na educação, que não ensina, que não instrui, nem constrói, e que se omite diariamente de sua própria prática des-educadora.

A pergunta aqui bem poderia ser: qual é a defesa das escolas? Qual a solução?

Embora as escolas tenham perdido certo rumo – não apenas devido às transformações vertiginosas e caóticas desses tempos, mas também pela crescente precariedade dos objetos e do hábitat educativo e pelos constantes ataques daqueles que prefeririam deixar tudo nas mãos da natureza – não é menos certo que tentam fazer de tudo para reconciliar-se com os múltiplos sentidos do ato de educar. A crise educativa é, sobretudo, um padecimento que concerne a uma imagem sobre o mundo e não só a uma imagem do mundo escolar: padece da falta de conversa entre gerações, sofre de iniquidade, sofre de promessas politicamente insossas feitas *a la carte*, padece da ausência de experiências sentidas e pensadas.

A acusação de que a educação perdeu sua fisionomia é falsa e injusta. Tudo remete a um paradoxo de difícil solução: o mundo — certa porção do mundo — pede às escolas que cumpram com sua estirpe civilizadora, que *cidadanizem*, que abram e garantam o horizonte do trabalho, que sejam inclusivas, que gerem valores de aceitação e pacificação, que criem uma atmosfera de harmonia e convivência. A questão é que o mesmo mundo, que exige tudo isso da educação, é um mundo incapaz de realizá-lo. Enquanto as escolas tentam afirmar a vitalidade da diferença e o estar-juntos como um modo de convivência álgido e complexo, o mundo — grosseiramente representado por seus mecanismos de midiatização informativa — só contribui com uma estética da violência, da estranheza infausta do humano, do folclore do bizarro e da espetacularização de corpos desenhados por bisturis cegos.

Ainda assim, em meio à batalha pela sobrevivência, em meio aos perversos números de mortes, sequestros e indolências, em meio aos apelativos — falsos ou fictícios — sobre a necessidade de diálogo e consenso, em meio à desolação planejada em sequências de imagens hiperatuadas, ainda é possível pensar na transparência do gesto educativo. Um gesto que não é heroico, que não deve ser demasiado enfático, que não pode ser apenas um modo indireto para definir nossas virtudes, mas um gesto diário, mínimo, relacionado com uma responsabilidade única: a responsabilidade pela vida de qualquer outro e a doação do mundo. Hoje a educação poderia reivindicar uma necessária inauguração de outro tempo e de outro espaço, a respeito do mundo midiático e hipertecnologizado que a rodeia. Não se trata tanto de um ensino a propósito de como se deveria viver, mas de como colocar em jogo a transmissão da experiência e do mundo de um tempo a outro tempo; não tem a ver tanto

• Educares

com a insistência por conteúdos, mas sim com a presença de quem inaugura o ato de ensinar; não se trata tanto de elaborar um discurso sobre os alunos presentes ou ausentes, mas de uma ética a propósito de suas existências; não tem a ver tanto com uma pretendida e esquiva homogeneidade ou com a diversidade, mas com "abrir um espaço dentro da norma para que surja o outro" (BÁRCENA, 2009, p. 8).

Educar é comover. Educar é doar. Educar é sentir e pensar, não apenas a própria identidade, mas também outras formas possíveis de viver e conviver. Se isso não acontecesse nas escolas, provavelmente o deserto, o ermo, a seca ocupariam toda a paisagem dos tempos por vir.

Por isso a defesa das escolas não deveria assumir um tom altissonante, semelhante ao do charlatão que esgrime razões e argumentos hipermorais ou hiperjurídicos. Não se trata do direito à educação ou da razão jurídica que somente expressa, com certa indolência, o inexorável da educação. Existe algo a mais: o temor ao comum, o ódio a igualdade em primeiro lugar, o medo de que o mundo seja algo mais que um dispositivo de mercadorias e consumidores, o não rebelar-se contra o que se considera a natureza imutável da infância e da juventude, a insuportável sensação de um tempo de alteridade. Como dizem Masschelein e Simon (2013, p. 23): "Muitas das alegações contra a escola estão motivadas por um antiquíssimo temor (ou, inclusive, pelo ódio) a uma de suas características mais radicais, mas que a definem essencialmente: a escola oferece 'tempo livre', que transforma os conhecimentos e destrezas em 'bens comuns' e, portanto, tem o potencial para proporcionar a cada qual, independentemente de seus antecedentes, de sua aptidão ou de seu talento natural, o tempo e o espaço para abandonar seu entorno conhecido, para alçar-se sobre si mesmo e para renovar o mundo".

Políticas fraternas.

Apesar das agendas e das aparências – e das aparências das agendas – na educação atual, o dilema não se reduz apenas à separação ou à mescla entre uns e outros, os excluídos incluídos como excluídos, os normais e os anormais e as possíveis relações que frequentemente são assumidas por forças convergentes, mas, também, de uma tensão que se estende infinitamente: trata-se de como pensar não só o alojamento institucional de algumas alteridades sempre desvalorizadas, sempre subestimadas, mas o estar-juntos num espaço e num tempo particular do conversar, do fazer, do brincar, do ler, do pensar, do escrever, do atravessar.

Já temos certa experiência sobre a trama de disparates e injustiças que se originam na caracterização obstinada, rígida e torpe de certos tipos de aprendizagem, mas não de todos; da crueldade contra certos tipos de corpo, mas não com todos; da suspeita sobre certos tipos de língua, mas não de todas; do olhar sombrio sobre certos tipos de nacionalidade, raça, classe social, mas não sobre todas; da desconfiança sobre certas inteligências, mas não sobre todas. Já existe certa experiência sobre o sentido dos excessivos, mesmo que sempre ambíguos e violentos, cuidados morais, políticos e educativos. Já existe certa experiência quando se pensa o que acontece quando os outros, mas não todos, são motivos de interpelação ou de convivência programada ou de conceituação vazia ou quando são mencionados e *reformados* a propósito de uma mudança, tão evanescente como fosforescente, nos cenários culturais, políticos e pedagógicos.

Quase tudo na educação tornou-se *opinião reta*. E parece que é preciso tomar decisões. Muitas decisões. Sempre. Mas é possível tomar decisões quando as premissas que as impulsionam estão afetadas por uma notória simplificação e des-subjetivação sobre o que há com os *problemas educativos*?

Talvez a primeira decisão seja a de dotar o educativo de certa sensibilidade e certa complexidade – sensível complexidade, complexa sensibilidade; em meio a tanto discurso sobre a hospitalidade inclusiva e sobre o semblante desagradável que desperta a alteração do outro: como desandar essa atribuição persistente da hospitalidade para com nós mesmos e a fixação insistente no outro da figura do ser somente um intruso, um alheio, um estrangeiro, uma ameaça? Que convivência é possível, para além do equilíbrio impossível entre o ensinar e o aprender, os reconhecimentos de ocasião, os eufemismos sempre toscos e provisórios, a extrema *intocabilidade* entre os corpos que nos torna insensíveis, os acenos supérfluos de encontro e despedida, da exagerada proximidade que nos torna, um a um, seres irrelevantes? E o que é que se coloca em evidência ao pensar no destino educativo da convivência, se quase tudo o que se faz é vaguear pelas bordas de certa aceitação *obrigatória* e a contragosto do outro?

Talvez o problema esteja no fato de que a linguagem de que necessitamos para pronunciar essa convivência de outro modo está (ou reside) no fato de que esse fazer ainda não existe ou está fortemente ancorado na hiperespecialização da linguagem educativa. Para alguns, não haveria mais remédio senão continuar naufragando eternamente entre duas águas: ou nas águas contaminadas de uma realidade que descreve a si mesma como a realidade pedagógica *atual* e, portanto, incontrastável e irremediavelmente imodificável – trata-se daqueles alunos, daqueles professores, daquelas escolas, daquelas didáticas, daquela formação, daquela transmissão, daquele currículo, daquelas condições de trabalho – ou bem nas águas dissecadas de uma realidade que designa a si mesma como a realidade pedagógica que se move para frente – se trataria dos alunos do amanhã, dos professores do futuro, das escolas que virão, das didáticas a inovar, do currículo a ser construído, das novas condições de trabalho.

Mas se só se torna possível falar da educação em seu *presente real e depressivo* e/ou da educação enquanto futuro já pré-construído, tem-se a sensação de que não restam outras palavras disponíveis na educação.

Então, as perguntas se tornam quase óbvias: resta alguma coisa mais por dizer na educação? Alguma coisa para dizer e decidir que não insista mais em diagnosticar nem em atirar lascas de promessas vazias? Alguma coisa para dizer e decidir que não assuma nem o tom nostálgico de um passado *incomovível* nem a melodia utópica que apaga de uma vez este presente inadiável?

Cuidar e descuidar do outro.

Talvez seja necessário render-se diante de uma evidência que resultará um pouco óbvia e redundante: a questão do cuidado do outro excede longamente qualquer pretensão de ser encerrada numa temática mais ou menos bem definida. Talvez isso aconteça devido a uma ambiguidade manifesta na hora de expressar o que entendemos por *cuidado do outro*: se trataria de uma dupla condição, isto é, de pensar o outro como nós mesmos e colocar em jogo as relações de alteridade num sentido ético.

O ponto de partida dessas definições oferece problemas para o pensamento: trata-se de pensar o outro como nós mesmos e, ao mesmo tempo, o outro no interior de relações éticas de alteridade, pois a cada novo reconhecimento, a cada novo encontro, a cada nova conversa, a cada novo ato educativo, tudo deveria voltar ao início, tudo volta a começar, tudo é transformação, mistério, um incerto não saber.

Colocar em evidência o problema do cuidado do outro sugere um não conhecimento disciplinar fixado para sempre, uma espécie de desprendimento daqueles saberes que, tradicionalmente, deixaram o outro num lugar de pouca hierarquia, de pouca transcendência, de pouca entidade, subestimado e subalternizado. A pretensão de um saber sobre o outro tem minado as relações éticas e gerado formas, até agora, desconhecidas de abandono, vulnerabilidade e descuido.

Há um dilema antigo na ideia de alteridade nas lógicas do pensamento ocidental e, por sua vez, nas suas instituições culturais, políticas, jurídicas e educativas: alguma coisa, alguém irrompe imprevisivelmente, alguma coisa, alguém altera a ordem supostamente preexistente e alguma coisa, alguém nos perturba, desde a exterioridade, nossa aparente identidade. O termo "alteridade", assim definido, tem muito mais a ver com a irrupção, com a alteração, com a perturbação, e daqui se depreende que por relações de alteridade entendemos algo muito diferente daquelas relações pretendidas como de calma, de quietude, de empatia, de harmonia, de tranquilidade, de não conflito.

Educares

O dilema sobrevém na hora de atribuir essa perturbação ao outro, a uma essência do outro, a uma característica inerente e quase natural. Isso explica a violência, a exclusão, a marginalização, a periculosidade, como aquelas imagens mais primitivas e menos comoventes de alteridade.

Entretanto: se o outro perturba e daqui entendo que é o outro o portador de tal perturbação, que relações de alteridade temos construído? Seria, por acaso, aquela relação que vê no outro a origem de todos os males e problemas sociais? Não teremos cometido um primeiro e maiúsculo pecado que consiste em atribuir à imagem do outro um caráter já fossilizado de negatividade?

Para dizê-lo de um modo ainda mais contundente: o mais frequente é que o outro deva entrar em nossa ordem, despojado de sua alteridade; essa parece ser a condição para *admiti-lo, recebê-lo, acolhê-lo; dar-lhe educação, aceitá-lo*. Assim, já parece estar obsoleta a ideia do *bom selvagem*, mas hoje ocupa seu lugar a não menos confusa ideia do *bom outro*.

O outro parece estar sempre relacionado com uma imagem já sem cor e desalinhada (por enganosa, torpe e reiterada) da pobreza, do estrangeiro, da marginalidade, da exclusão, da imigração clandestina, do desespero, da violência, do mal, da traição, do crime, da homossexualidade, do heroísmo e/ou da vitimização, da falta de educação, da loucura, do desamparo, da orfandade, do esquecimento e da negligência, da deficiência, etc.; imagens, enfim, que provocam e produzem uma permanente suspeita sobre a humanidade do outro ou, dito em outras palavras, a suspeita sobre se o outro pode ser *tão humano* como somos, em aparência, nós mesmos.

Cuidar do outro supõe que possamos dissolver ou contribuir para a dissolução dessa tendência secular de pensar e sentir o outro sob a forma de um outro exclusivamente vinculado a uma fraqueza constitutiva e uma inferioridade natural; e para que nos seja possível pulverizar, sobretudo, esse pensar e esse sentir o nós que sempre parece reservar, para si, o papel do sermos redentores, salvadores, explicadores, incluídos, benéficos, normais, etc.

O *descuido do outro* o transforma num mero espectro do mesmo e/ou numa fabricação para a própria satisfação do nós e/ou numa invenção que o devora e mata. O descuido do outro é, no final das contas, a perda do outro, o massacre do outro, o desaparecimento do outro. E, como consequência, a alienação de nós mesmos, isto é, a intuição de que hoje o ser alienado é, justamente, aquele ser desprovido de alteridade, desprovido de relações de alteridade, incapacitado de ir ao encontro dos outros.

É que não se trata, somente, de um reconhecimento do outro e de uma inversão de questionamento, isto é, de quem questiona a quem. Não se trata, apenas, de uma resposta que salve o eu de seu próprio pecado ou da ausência de toda virtude. Não ocorre, simplesmente, como uma obrigação que provém, obrigada e certeira, de certa lei da convivência.

Assim, a responsabilidade ética se dirige ao humano e não a algum sujeito determinado, materializado e, então, especificado, revelado com nome *extrangeiramente* próprio e ao que é atribuída uma identidade precisa e quase definitiva. Não é uma responsabilidade que responde de maneira diferente, segundo a idade, a geração, a língua, a sexualidade, a nacionalidade, a raça, a classe social, o corpo do outro. A responsabilidade ética não tem limite em sua vigília nem fronteiras em sua capacidade de receber. Trata-se de uma responsabilidade sem fundo; de uma responsabilidade que se reinaugura a cada novo nascimento.

A ética não se dirige a ninguém em particular, mas a qualquer um e a cada um. É esse seu princípio mais revelador e sua condição de prática mais complexa. Para as instituições educativas, os sujeitos deveriam ser compostos dessa dupla qualidade: ser qualquer um – isto é, não importa quem for, em termos de identidade: é qualquer um e a esse qualquer um vai dirigido o ensino; ser cada um – isto é, trata-se de um sujeito singular, específico, em que o ensino se encarnará, se fará aprendizagem. Cuidar do outro significará, talvez, considerá-lo como qualquer um e como cada um.

Ensinar a viver.
Ensinar *a essa juventude de agora.*

Agora bem: há alguma coisa mais a dizer em educação? Talvez houvesse que insistir aqui uma vez mais na questão apresentada por Jacques Derrida e que coloca em jogo uma pergunta que é essencialmente educativa: "É possível ensinar a viver?". Tudo depende de como soe esse *ensinar a viver*. Porque bem poderia ressoar, colocando em primeiro lugar a figura agigantada de um eu que ensina, de um eu que explica, de um eu que sabe, de um eu que instrui. Talvez trata-se aqui é da possibilidade de que ensinar a viver signifique também uma renúncia a tudo aquilo que cheire a ameaça ao ensino: "Ensinar a viver renunciando à soberba do eu vou te ensinar. Fórmula que sempre traz velada uma ameaça e anuncia a dependência como condição da relação, porque pressupõe, dá a entender que sem um o outro nunca aprenderia" (FRIGERIO, 2006, p. 141).

Como responder, então, à pergunta do ensinar a viver sem voltar a olhar para as instituições educativas? Ocorreria aquilo que George Steiner define como uma *amnésia planejada*? Como se se tratasse do esquecimento sistemático e programado do passado, ou como se fosse apenas a fixação extrema da história e da memória em imagens demasiado pesadas e demasiado indefesas. É que ocorrem ao menos dois típicos esquecimentos quando se acentua em demasia a ideia da herança, apenas como uma possessão dos mais velhos, e da transmissão como um exercício mecânico, somente em mãos daqueles que estão em posição (sempre provisória) de ensinar. Se a herança requer certa infidelidade para continuar sendo herança e se a transmissão implica uma memória de gerações e entre gerações, pouco se pensou, até agora, em educação sobre a infidelidade do herdeiro (senão, claro, fazê-lo em termos de violência, apatia, negação, negligência, rejeição, exclusão), e da memória própria da juventude (senão, então, fazê-lo sob o rótulo de uma "geração amnésica" ou de lembranças demasiado fugazes e velozes).

Poderia perguntar-se se é verdade que não há herança na juventude, se aquilo que acontece com o que se denomina como juventude é, simplesmente, algo que acontece sem acontecer, sem deixar marcas. María Zambrano fez essa pergunta do seguinte modo: "Não será que a herança, que a juventude deixa uma transformação que ocorreu na alma e em toda a pessoa, em seu organismo físico, em sua inteligência, em todo seu ser, em suma: uma transformação que, para cumprir-se necessite consumir tudo o que define a juventude?" (ZAMBRANO, 2007, p. 97).

Por isso a pergunta sobre o ensinar e o aprender a viver é também uma pergunta sobre a hospitalidade e a hostilidade da educação. E a questão volta, mais uma vez, da mão, ainda viva, de Jacques Derrida: "Aprender a viver é amadurecer, e também educar: ensinar o outro e, principalmente, a si mesmo. Apostrofar alguém para dizer-lhe: 'Vou te ensinar a viver', significa, às vezes, em tom de ameaça, vou te formar, inclusive vou te endireitar [...] É possível aprender a viver? É possível ensinar? É possível aprender, mediante disciplina ou instrução, por meio da experiência ou da experimentação, a aceitar, ou melhor, a afirmar a vida?" (DERRIDA, 2005, p. 21-22).

A questão sobre se é possível ensinar a afirmar a vida só encontra certo tipo de resposta se a educação é pensada, não sob a urgência mesquinha de uma obrigação moral a ser padecida, mas como aquele tempo e espaço que abre uma possibilidade e uma responsabilidade à presença do outro e, sobretudo, à existência, a toda existência, a qualquer existência de qualquer outro. Se afirmamos aqui a responsabilidade de uma convivência educativa, é com a intenção manifesta de confrontá-la, tanto com a infertilidade das *inovadoras* propostas jurídico/educativas — que somente substituem um texto legal por outro texto legal *aggiornado* — como com aqueles relatos de cunho integracionista e/ou inclusivo — que parecem tornar-se obsessivos apenas pela presença literal de alguns outros concretos que, um pouco ou muito antes, pareciam não estar dentro dos sistemas institucionais tradicionais.

Entre o excesso da razão jurídico-textual e a ficção da promessa inclusiva se dirime o cotado relato atual sobre o que é e o que não é a educação. A afirmação dessa responsabilidade educativa não supõe nenhum poder para decifrar esse tempo da juventude que à maioria dos professores já escapou, ou do qual só possuem lembranças fragmentárias, talvez ficcionais e acaso torpes, românticas ou caprichosas, ou que dispõem somente de discursos sobre *esses jovens de agora*. Uma responsabilidade educativa que permitiria, finalmente, pôr algo em comum entre a experiência do jovem e a experiência do adulto, sem simplificar nenhuma das duas e sem reduzir, sem assimilar a primeira na segunda. Uma responsabilidade educativa que tem a ver, agora sim, com uma presença adulta que se preocupa com sua tradição, mas que também sabe como subtrair-se à ordem do que é moral. Uma responsabilidade educativa que sente e pensa a transmissão não somente como uma passagem de um saber de um para o outro (como se se tratasse de um ato de desigualdade de inteligências entre quem sabe esse saber e quem não sabe), mas daquilo que acontece em um e no outro (e outra vez a separação, a distância, o intervalo). Uma responsabilidade que não se torna rígida com a forma e com o tipo de tradição, mas com o modo de conversar que se instala ao seu redor. E, uma responsabilidade que, então, não se torna obsessiva com a presença do outro.

Porque a questão não é tanto sobre quando é que o outro saberá o que tem que saber, ou quando é que será o que tem que ser, mas: "Quando você será responsável? Como responderá, enfim, por sua vida e por seu nome?" (DERRIDA, 2005, p. 21).

A educação é uma resposta ética à existência do outro. O que não quer dizer apenas afirmá-lo em sua presença, mas também a de contrariá-lo, como parece sugerir Cécile Ladjali: "Acredito que o trabalho de um professor consiste em nadar contra a corrente, em enfrentar o aluno com a alteridade, com aquilo que não é ele, para que chegue a compreender melhor a si mesmo" (STEINER; LADJALI; 2005, p. 72). Contrariar, sim; enfrentar o outro com sua alteridade; chegar a compreender melhor a si mesmo, dar conta de si. Seria preciso dizer, então:

contrariar, enfrentar, fazer compreender, dar conta de si, sim, se é que o outro o deseja. E que *o outro queira* supõe pensar o outro não só como presença, mas também como existência.

Educar como ensaiar.

Ao voltar a prestar atenção sobre algumas das ideias de *ensaio* presentes no pensamento filosófico, talvez fosse preciso perguntar se a linguagem da pedagogia não poderia ser essencialmente ensaio, ou bem, se não gostaria de ser.

Para isso seria necessário pronunciar expressões tais como soltura, composição heterogênea, caleidoscópio de fragmentos e experiências, o artesanal, o antissistemático e o anticerimonial, o descontínuo, o conflito detido, a experiência humana individual, o frágil, a vulnerabilidade, etc. Palavras quase sempre distantes e estranhas ao modo como se conversa o pedagógico. Palavras que talvez confessem, em seu balbucio, o retrato desejado de outra pedagogia, que ainda está por ser ensaiada.

O ensaio põe em relação, de um modo muito peculiar, a experiência com a linguagem. Trata-se de uma linguagem que não nasce de uma pretensa vontade de conhecimento, nem se nutre da rígida precisão dos léxicos e dispositivos préfabricados; assume a forma de perplexidade, do incompleto, do balbucio e, inclusive, de uma errática incompreensão que procura, por vontade própria, seus altos e baixos; evita esse tom demasiado enfático, quase sempre com final lânguido, muitas vezes detestável por ser altivo, em oposição a essa outra linguagem feita a propósito de um saber já existente, que nunca se deixa afetar pelo acontecimento.

Por várias razões, a linguagem da experiência educativa tem sido desvalorizada, ou talvez ignorada, ou bem subestimada pelos saberes e poderes pedagógicos habituais. Talvez porque eles mesmos provocaram uma fratura desnecessária, artificial e desmedida entre o vivido e o pensado, sob a forma estranha de uma indesejável fenda entre teoria e prática, entre o concreto e o abstrato.

Assim foi sendo naturalizada essa indigna tendência a conceituar que aquilo que é vivido só está apenas na escola – é propriedade da escola, é sua prática – e que o pensado corresponde à ordem excludente da ciência – está na ciência, é sua teoria.

Essa separação, demasiado meticulosa, trouxe como consequência que o vivido fosse pensado somente como um conjunto de sensações sem rigor, vãs percepções sem traços de verdade, retalhos de sensibilidade que não podiam ser levados muito a sério. Ao mesmo tempo, circundou o pensado com todos os atributos de validez e verossimilhança, com todas as presunções e pretensões do científico.

Mas também existe outra versão dos fatos: que o vivido é o único que conta, inclusive em termos de acumulação de uma longa sequência de fatos cronológicos, mesmo que jamais haja sido produzido algum tipo de pensamento a seu propósito. E que o pensado, então, é um mero artifício intelectual, um artifício desenvolvido à distância daquilo que se entende como a realidade, como o único real.

Seja lá como se apresente, em um ou outro caso, o vivido e o pensado parecem pertencer, assim, a duas ordens completamente diferentes de sensibilidade, de percepção, pensamento e linguagem, o que pode desembocar numa interrogação tão temível como terrível: não existe nenhum grau de relação entre o que se vive e o que se pensa, nem entre o que se pensa o que se vive? Como e onde acontece, se expressa, habita, o que se vive e o que se pensa?

> O saber não pode ser desligado da experiência; ele precisa manter-se em relação viva com ela, porque é daí, da experiência, de onde nasce a inquietação pedagógica, a pergunta pelo sentido e pelo adequado. O saber, que sustenta o fazer educativo (meu fazer educativo, seu fazer educativo), nasce do vivido e do pensado como próprio (isto é, pensado como uma experiência) e precisa fazer o percurso de sentido, disposições e vivências que orientam o fazer: meu fazer, seu fazer" (CONTRERAS, 2009, p. 7).

Trata-se de um saber da *experiência* que está em busca de sua própria linguagem, de suas próprias palavras, para ser contado, escrito, lido e colocado no meio da conversa educativa.

A narração, como se sabe, tem sido subestimada e se viu sacrificada em nome da razão, da ilustração e das linguagens codificadas pelos meios e pelos dispositivos de saber institucionalizados. Nesse tempo chamado de *modernidade* foi desconsiderada, por encontrá-la próxima demais do senso comum, presa demais à corporalidade, carregada demais de subjetividade, distanciada demais do saber objetivo.

Recuperar a narração, não nos desculpar de situar-nos entre os lugares e os tempos em que as pessoas falam de si mesmas e dos outros possibilitaria, talvez, a emergência de um olhar sobre a experiência; um olhar que revele algo do que se sente e se sofre, do que se respira e do que asfixia, do que inquieta e do que sossega, do que se deixa no passado e do que pode ser vislumbrado para além do presente.

A experiência também tem sido sacrificada e malversada em nome do experimento, da ordem, da regulamentação, do informado, do medido e excesso da linguagem jurídica, enfim, dessa intenção vã de ordenar a desordem, de destronar o corpo que vive e pensa, do desejo infausto de acabar com toda indecisão, com toda ambiguidade.

Uma linguagem para um saber da experiência: talvez tudo se resuma a isso.

Se de algum modo o gesto de educar fosse colocado à altura de outros gestos vitais – como o da amizade, da irmandade, do amor, da fraternidade, etc. – falaríamos, leríamos, conversaríamos e escreveríamos com palavras próprias, com nossas próprias palavras, com essa voz que confessa suas tonalidades e que, ao fazê-lo, coloca a linguagem em relação com o corpo que o pronuncia: "A voz restabelece ali a corporalidade, a gestualidade no modo de significar. O discurso já não é, ali, uma escolha na língua, ou operadores lógicos, mas a atividade de um homem que realmente está falando" (MESCHONNIC, 2007, p. 148).

Educar como singularidade.

O comum é o público, o de todos. Mas assim que a totalidade é mencionada, vem com ela a sensação de que alguma coisa escapa, alguma coisa foge à compreensão, alguma coisa se distorce na incógnita. É habitual julgar o passado das instituições escolares como aquele que não foi de todos, que foi excludente, desintegrador e, ao mesmo tempo, homogeneizador. E se deseja para o futuro uma escola inclusiva, para todos. Mas: como é que as instituições são habitadas no presente, neste mesmo instante, entre a ideia do homogêneo e a ideia do múltiplo, entre o único e o plural?

As confusões são habituais e certo desânimo parece tomar lugar. Em princípio, é preciso dizer que não há escola, mas escolas, e que as escolas não estão prontas, é preciso fazê-las (MASSCHELEIN; SIMONS, 2013). Parece chover no molhado, algo torpe e óbvio e, contudo, vale a pena insistir: as escolas não possuem um modelo exterior de si mesmas e é sua cotidianidade, a presença e a ausência dos gestos, das palavras, das relações e das ações, quem as define precária e provisoriamente.

Para dissolver a oposição entre o singular e o comum, talvez seja preciso dizer que educar se educa qualquer um e cada um. *Qualquer um* quer dizer isso mesmo: qualquer um, sem nenhuma intenção pejorativa e sem a obsessão por saber tudo sobre o sujeito. O que se tem para ensinar – isto é: o que já sei e o que ainda não conheço, ou muito ou pouco, ou relevante ou supérfluo – deveria ser oferecido a qualquer um, para além de como seja recebido, do que se faça com isso e quando.

Se não nos dirigíssemos a qualquer um, seria impossível começar a conversar pedagogicamente. Essa é a noção de igualdade mais reveladora e mais certeira: um amor à primeira vista, que considera qualquer um, sem exceção, igual a outro qualquer. Assim, a igualdade não pode ser uma coisa que acontece depois, por efeito de certo tipo de proposta educativa, mas que deve surgir de imediato, como um primeiro gesto.

É evidente que aquilo que se ensina produz efeitos diferentes em cada um. Se o começo da conversa educativa é a igualdade, seu destino é a singularidade. Entre *qualquer um* e a singularidade se interpõe a arte de educar, ao tentar saber em que momento aquilo que se oferece se dirige a qualquer um e em que momento se dirige a cada um.

Pensar os *outros* da educação é a possibilidade de conversar com qualquer um e estar atentos, ao mesmo tempo, à singularidade. Depois de tudo, o público se resolve através dos gestos cotidianos, infinitas ações mínimas, experiências pequenas, do interior de algumas escolas que tentam, o tempo todo, fazer a si mesmas, dando as boas-vindas aos novos e reinventado seus modos de oferecer signos aos demais.

A qualquer um e a cada um.

Educar como dar tempo.

Numa seção do livro *Elogio de la trasmissión*, Ladjali e Steiner (2005) conversam sobre a relação entre tempo e educação:

> – C. L.: *A escola não deveria ser um lugar de parcimônia? De lentidão, como oposição à absurda velocidade de nosso tempo, que parece incompatível com o ritmo dos jovens, que precisam tanto de ganhar tempo quanto de perdê-lo?*
>
> – G. S.: *Paciência, dúvida, lentidão. Olhe senhor, como acontece sempre, Pascal já bem disse?* "*Se conseguimos ficar sentados numa cadeira, em silêncio e sozinhos num quarto, é porque recebemos uma boa educação* (STEINER; LADJALI, 2005, p. 112).

Ao contrário do que aparenta, a lentidão – ou a detenção, a pausa – pode ser considerada uma virtude em meio a tanta pressa, a tanta mutação, a tanta adoração à divindade das mudanças e das transformações.

Talvez uma das questões mais interessantes – e por isso a mais preocupante, a mais complexa – seja a de entender o educador como aquele que dá tempo aos demais – tempo para pensar, para ler, para escrever, para brincar, para aprender, para perguntar, para falar – e dá tempo a si mesmo – para escutar, para ser paciente, para não se submeter à lógica implacável da urgência por cumprir metas, finalidades e programas.

Por exemplo: é curioso que, ao mesmo tempo em que se fala sobre um currículo e sobre algumas didáticas que ajudem a *diversidade* a sentir a escola como um lugar de hospitalidade, não se modifique intensamente a relação com o tempo em que transcorre para trabalhá-las. A educação, é sabido, é uma ação que afeta o tempo e a temporalidade de muitas maneiras: na elaboração de um planejamento, nas pautas avaliativas, na duração dos ciclos ou séries, na extensão de um conteúdo; mas também tem a ver com o encontro e desencontro entre a infância e a idade adulta, a juventude a idade adulta, imagens de idades e gerações que vão transformando-se e que provocam, a cada segundo, diferentes intensidades nas práticas pedagógicas.

Talvez, o principal obstáculo que a ideia de detenção encontre no mundo de hoje é que adotamos, de modo naturalizado, uma imagem de tempo voraz, faminto, devorador de tudo e de todos: é possível, nos tempos atuais, imaginar outra formação docente, outros modos de fazer com que os educadores entrem em cena sem repetir essa imagem da pressa e da urgência? E mais: não há uma discussão, ainda no início, que tente explicar a relação múltipla e complexa entre tempo e ensino, tempo de ensinar e tempo de aprender, tempo presente e outros tempos?

Da transmissão do mundo, trata-se. De um mundo sempre revoltoso, sempre incógnito, sempre mutável e, também, sempre em perigo e sempre novo. É nessa relação entre mundo e escola que aparecem as perguntas mais álgidas e mais interessantes, como, por exemplo, a pergunta pela transmissão do mundo, de uma geração para outra; ou a pergunta pelos diferentes mundos que habitamos ao mesmo tempo; ou a pergunta por nossa relação singular com o mundo; ou a pergunta sobre o que faremos com o mundo e quem o fará; ou a pergunta sobre as diferenças entre o atual, o novo, o inovador e o contemporâneo ou, enfim, a pergunta interminável sobre a relação entre os mundos e as escolas mediadas pelo tempo.

Mas existe algo a mais. A relação entre o tempo, o mundo e o ensino não é transparente e dá a sensação de que foi muito simplificada. Já é sabido: o ensino pode interessar-se, mas não tomar por certo que o que se aprende é o que se ensina, nem que o que se aprende, aprende-se ao mesmo tempo em que se ensina.

Se fosse adotada aqui a figura do ensinar como aquela que provém dos gregos – ensinar como mostrar, como assinalar, como apontar para alguma coisa, como oferecer, numa relação que transforma as ações singulares em ações comuns, não universais; se adotássemos essa figura, é possível que a tarefa de educar também fosse entendida como uma responsabilidade de transmitir o mundo e não deixar os outros sozinhos, apenas com seus recursos, com suas histórias, suas linguagens, suas aprendizagens. E também significa que há um abismo entre o ensinar e o aprender, uma distância infinita.

Eis aqui a única relação possível entre ensinar e aprender: oferecer signos que os outros decifrarão no seu próprio tempo e do seu próprio modo. Signos talvez comuns, mas apreciados de modos diferentes, em tempos diferentes, em outros tempos.

Educar como conversar.

Dizíamos que o imperativo da produtividade e da aceleração do tempo transformou a linguagem e a conversa em repetidos monólogos.

De certo modo, o educar também tem a ver com uma conversa entre desconhecidos: desconhecidos novos – os que chegam ao mundo, os que entram nele; desconhecidos anônimos – os que já estão ali, mas com os quais nunca conversamos – e os desconhecidos diferentes – aqueles a quem convidamos à igualdade, ainda marcados pela suspeita de não ser capazes de conversar, de não ser capazes ainda, ou, definitivamente, de estar entre nós.

Educar é conversar com desconhecidos, sim. Mas em que língua? Com quais palavras? Para fazer o quê? A linguagem do educativo está ocupada ou apagada por eufemismos economicistas, técnicos, disciplinares, jurídicos, moralizantes. Poderemos

Educares

conversar sobre aquilo que acontece conosco, como se fôssemos desconhecidos, com nossas próprias palavras?

A dificuldade ou impossibilidade de conversa na educação tem a ver, em boa medida, com o esvaziamento da linguagem pedagógica e seu desprendimento do mundo dos afetos, das afeições. Existe uma sensação clara de vazio e a percepção estranha do impronunciável. Como se a conversa educativa não estivesse feita com nossas palavras, como se nossa voz se apagasse para dar lugar a outra voz mais cerimonial ou mais distante ou mais tecnificada:

> Quando digo que essa linguagem parece vazia, me refiro à sensação de que ela se limita a gestar adequadamente o que já se sabe, o que já foi pensado, o que, de alguma forma, se pensa sozinho, sem ninguém que o pense, quase que automaticamente [...] Quando digo que essa linguagem está se tornando impronunciável, refiro-me, por exemplo, a seu caráter totalitário, ao modo como converte em obrigatórias tanto certa forma da realidade [...] como certa forma de ação humana (LARROSA, 2006, p. 31).

Deveríamos prestar uma atenção mais escrupulosa às máscaras institucionais com as quais se pretende regular, administrar e, muitas vezes, destruir a conversa educativa.

Morey (2007) revela que toda conversa precisa desafiar e rejeitar esse "Porque eu estou dizendo?" e o "e daí" para poder tratar, justamente, de uma conversa. Como se se tratasse de um esforço por desfazer a ideia de que conversar é somente um duplo monólogo de dois *eus* que sempre estão paralelos, um em relação ao outro, e que nunca se tocam, isto é, nunca se afetam, nunca se movem, nunca se quebram.

Toda conversa é uma tensão permanente entre diferentes modos de pensar e de pensar-se, de sentir e de sentir-se, de dizer e de dizer-se, de escutar e de escutar-se: existem dissonâncias, desentendimentos, incompreensões, afonias, impossibilidades, perdas de argumentos, tempos desiguais, perguntas de um só lado e respostas que nunca chegam. Mas talvez isso seja uma conversa e, por isso mesmo, não podemos fazer outra coisa senão seguir conversando, sem efeitos especiais.

É que estamos demasiado habituados a pensar a conversa como um idílio, como um intercâmbio equilibrado, pausado, austero, consciente, particularmente caracterizado pela harmonia das vozes, dos corpos e das mentes.

Estamos também acomodados em certos discursos que tendem a banalizar ou descartar a conversa, como o verdadeiro centro de gravidade institucional e pessoal, tratando de impor um estilo lúgubre, silencioso, sentencioso, de voz unipessoal.

A conversa requer outra plenitude, uma plenitude descarnada e árida, que nada tem a ver com a retórica da eficácia, ou com a vontade obediente das ações que alguns vão querer avaliar imediatamente.

Conversar, sim, mas não apenas sobre um e/ou sobre o outro e/ou sobre nós.

Conversar sobre o que fazemos, sobre o que sentimos com aquilo que fazemos, conversar sobre o ler, o escrever, o pensar, o olhar, o perceber, o imaginar. Conversar, pois: "O que são essas piscadas de olhos contra as quais a única defesa possível seria uma vigília tão constante quanto desumana? Não serão, talvez, as gretas e interstícios pelos quais outra voz, outras vozes falam sobre nossas vidas? Com que direito lhes fechamos nossos ouvidos?" (COETZEE, 2005, p. 47).

Conversar entre diferenças.

De acordo com sua origem latina, a palavra "diferença" – *differentia, -ae, dissimilit, distinctus* – sugere, ao mesmo tempo: separação, diferença, dessemelhança, distância, distinção, diferente, discrepância.

Há nos cenários educativos uma indecisão ou uma confusão que se origina no instante em que as diferenças se fazem presentes e são nomeadas. Acontece que, no próprio ato de enunciar a diferença, sobrevém uma derivação em direção a outra pronúncia totalmente diferente: os "diferentes", fazendo alusão a todos aqueles que não podem ser vistos, nem pensados, nem sentidos, nem, finalmente, educados, em virtude dessa curiosa e repetida percepção do homogêneo – homogeneidade de línguas, de aprendizagens, de corpos, de comportamentos, e assim até o infinito. Em síntese: parece que o que existe no interior da palavra "diferença" é um conjunto sempre indeterminado, sempre impreciso, de sujeitos definidos como diferentes.

Pode ser que seja necessário fazer a pergunta: o que é a *diferença?*, mas logo após entrarmos nela, aparece uma dupla encruzilhada: ou são os diferentes, ou trata-se de uma questão de identidade. Veiga-Neto dá a entender que qualquer pergunta direta sobre a diferença é muito menos interessante do que aparenta ser:

> Em primeiro lugar, uma pergunta como "qual é a diferença?" remete à velha pergunta "o que é isso?", revelando, assim, o encantamento em que nos deixamos aprisionar pela própria linguagem com que lidamos e respondemos a perguntas. Em segundo lugar, por serem radicalmente contingentes, as formas de vida não se repetem e estão mudando constantemente, de modo que, talvez, o máximo que se possa dizer é simplesmente que: a diferença é o nome que damos à relação entre duas ou mais entidades – coisas, fenômenos, conceitos, etc. – num mundo cuja disposição é radicalmente anisotrópica. Desse modo, a diferença está aí (VEIGA-NETO, 2009, p. 122).

A diferença está aí: "entre", e não "em" – numa coisa, num fenônemo, num conceito, num sujeito particular. A tradução que trai o sentido relacional da diferença para um sujeito definido como diferente pode ser chamada de *diferencialismo.*

A descrição que se faz do sujeito diferente jamais coincide com ninguém, não há transparência ali, mas sim preconceito: os diferentes seriam os incapazes de capacitar, os incompletos para completar, os carentes para dotar, os selvagens para civilizar, os excluídos para incluir, etc. A imagem do diferencialismo se torna, assim, bem nítida: não é mais que um dedo que aponta diretamente ao que acredita que falta, ao que entende como ausência, ao que supõe como desvio, ao que se configura como anormal.

Como pensar a diferença, evitando seu deslizamento na direção dos sujeitos diferentes e sem cair na armadilha que nos apresenta o diferencialismo?

Se não estamos presentes, nenhuma percepção nem nenhuma relação de e entre diferenças podem fazer-se possíveis. Mas o que significa estarmos presentes, senão estarmos atentos, escutarmos abertos à conversa, mas também estarmos tensos, meio nus e sem saber como chamar as coisas pelo nome, com tudo o que nos passa no presente?

Estarmos presentes poderia significar que nossa presença – quer dizer: nosso corpo – sente, sofre; que essa presença não pode ser adiada, nem para trás, nem para frente: trata-se de um aqui e um agora que poderia ser amplo e longo, mas que não pode ser nem antes nem depois; que estar presente supõe a debilidade ou a fragilidade de um "eu" centrado em si mesmo, egoísta, fechado; que a presença é presença plural, presença entre vários, entre muitos, entre qualquer um, entre desconhecidos; que, também, outra presença entra na nossa, às vezes fazendo um ninho, outras vezes atropelando-nos, outras tantas vezes passa despercebida e outras se torna, quase que por acaso, uma presença essencial. Estar entre diferenças é, seguindo uma metáfora literária, estar entre desconhecidos. Dizia Elías Canetti (1980, p. 173): "O mais importante é falar com desconhecidos. Mas é preciso engenho para que eles falem, e o nosso papel é o de fazê-los falar. Quando isso resulta impossível, é porque a morte teve início".

Os desconhecidos encarnam uma verdade possível, aparente, simples, que está, talvez, na ponta da nossa língua. O contrário daqueles que nos impõem sua voz, sobrepondo-a, e a todo custo expõem seu ponto de vista como se, efetivamente, se tratasse do mundo em si mesmo, distorcendo-nos com sua estridência, com aquele barulho e tumulto de palavras que, de tanto soar, já não soam nem ressoam.

Os nomes que atribuímos aos outros nunca se dirigem aos outros. Nomeamos, mas não lhes damos o nome. Não os oferecemos: simplesmente os estabelecemos. São nomes que nomeiam os outros, mas que não os chamam. Não os convocam a vir, mas a permanecer quietos. Nenhuma definição mudou radicalmente uma relação. São nomes para serem usados entre os iguais e para separar, de vez em quando, os supostos desiguais. São usados com veemência, mas ninguém suja as próprias mãos, nem enfia os pés debaixo da terra. Descrevem aquilo que seria o outro, se o outro estivesse quieto, aquietado, ajustado a uns olhos que se perscrutam detrás da aparência civilizatória de uma ideia.

Como nomear a diferença? Que nome dar-lhe, se cada nome já foi dado e é o seguinte: o de cada um? Como nomear a diferença sem aproximar-se? É possível uma conversa que não se esteja presente, na igualdade mais generosa do início e na ternura mais extrema e intensa das nossas diferenças?

A leitura pedagógica das diferenças.

Como já havia dito, a origem latina da palavra "diferença" indica uma qualidade ou um acidente pelo qual uma coisa se distingue de outra. Expressa variedade entre coisas de uma mesma espécie. Sugere uma controvérsia, discordância ou oposição de duas ou mais pessoas entre si. Aplicada à dança e à música sugere uma modulação diversa, ou um movimento, que se faz no instrumento ou com o corpo, sob um mesmo compasso. Em sua acepção matemática significa resto, o resultado da operação de restar.

E em educação: qual seria o sentido que assumiu ou do qual se apropriou a diferença? A resposta é taxativa, quase sem matizes: a diferença se tornou diversidade.

Os significados latinos da palavra "diverso", "diversidade", são surpreendentes para a boa consciência do léxico – técnica, jurídica, econômica e moralmente – em vigência atualmente: diverso provém de "oposto", "inimigo", "distanciado". Oposto ao "nós", isto é: inimigo da ideia de igualdade e de normalidade; aquilo que está distanciado do caminho pelo qual todos transitamos. Nosso dever educativo – político, cultural: reconduzir os distanciados ao caminho correto, fazê-los transitar pelo mesmo caminho por onde pisamos diariamente.

Há aqui uma alteração de sentidos provocada pela passagem da diferença à diversidade, o que nos propõe quatro interrogantes: 1. Em que sentido é possível afirmar que a *diversidade* configura por si mesma e em si mesma um discurso mais ou menos completo, mais ou menos esclarecedor e mais ou menos revelador sobre o outro, da alteridade? Ou, dito de outro modo: por acaso a *diversidade* está no lugar da *alteridade*? 2. O que sugere essa identificação recorrente, que se efetua entre *diversidade* e pobreza, desigualdade, marginalização, sexualidades, estrangeiro, gerações, raças, classes sociais, e, um pouco mais recentemente, seu notório apego à deficiência? 3. Que grau de sinonímia ou antonímia pode ser pensado entre a diversidade e a diferença? 4. E, por último: em que medida o anúncio e o enunciado de *diversidade* oferece uma perspectiva de mudança pedagógica?

Dá a sensação de que falar da diversidade se tornou uma espécie de receituário, que aponta insistentemente para "outros estranhos" enquanto mero exercício descritivo de uma determinada exterioridade compulsiva: assim, "eles" são os diversos, "eles" possuem atributos que precisam ser remarcados e denotados como "diversidade". Se a palavra "diversidade" não contribui para apagar, de uma vez, essa violenta fronteira que separa o "nós" do "eles", estaria indo, então, na direção oposta, isto é, fazendo da diversidade um estranho e perigoso excesso de alteridade, de uma "alteridade fora da alteridade" ou bem: de uma "alteridade ainda mais além da alteridade".

Que outra coisa poderemos dizer da diversidade senão que, efetivamente, "existe diversidade"? O que mais existe além do dado descritivo, de um golpe de olhos, da memória presente e evidente que sabe o tempo todo das enormes e contínuas variações humanas que habitamos e que nos habitam? O que mais supor, mais além e mais próximo de nós, sobre a evidência de que todo cenário humano mostra sua diversidade? Talvez tenha sido Lefebvre, em seu *Manifesto diferencialista*, um dos primeiros a perceber a necessidade de marcar enfaticamente a distinção entre diversidade e diferença:

> E a diversidade? Não vai mais além de uma constatação. Não capta o passo da originalidade que pretende ser substancial e que se acredita essencial à diferença, por meio das provas que esperam tudo aquilo que provém da natureza. A palavra "diversidade" se acomoda a qualquer coisa: cascalhos, minerais, crianças, flores, vestidos, mulheres. Permite descrever, proíbe a operação metafísica através da qual as diversas árvores se identificam com a ideia de árvore, os diversos frutos com a ideia de fruto, etc., mas sua competência não vai mais além (LEFEBVRE, 1972, p. 45).

A opção, que consiste em sustentar a ideia de diversidade, é menos atrativa, mais publicável, mas muito mais decepcionante: a fabricação, a invenção de uma hipotética e impossível lista que exemplifique e tipifique a diversidade em todas as suas versões e variações. Nesse caso, haverá sempre seis, sete ou oito exemplos para dar: diversidade de raça, sexo, geração, idade, gênero, religião, aprendizagem, línguas, e, em seguida, como um bocejo, como uma exalação desanimada e extenuada, esse profundo, solitário e salvador *etcétera,* que já não pode nem sabe como seguir enumerando a diversidade.

Talvez o etcétera seja o limite último da diversidade e, a partir dali, comece a alteridade incognoscível, a alteridade *per se,* o nascimento desse outro que, como dizia Lévinas, se retira em seu mistério, com seu mistério:

> O absolutamente Outro é o Outro. Não se enumera comigo. A coletividade na qual digo "tu" ou "nós" não é um plural do "eu". Eu, tu não são aqui indivíduos de um conceito comum. Nem a possessão, nem a unidade do número, nem a unidade do conceito me incorporam ao Outro. Ausência de pátria comum que faz do Outro o estrangeiro; o estrangeiro que perturba o "em nossa casa".

Mas estrangeiro quer dizer também livre. Sobre ele não posso poder (LÉVINAS, 1977, p. 17).

Cenas do geral e do particular.

A cena é bem conhecida: sobrenomes ordenados alfabeticamente, mãos tesas alçadas, olhares para frente, o "que dia é hoje?"; "hoje vamos aprender a". A aula, a turma, a série, o ciclo, o desenvolvimento, a aprendizagem, a avaliação, a qualidade, a falta de qualidade. A resposta não provém de ninguém, ninguém parece estar ali mais do que em sua representação de um ser-aluno que deve ser educado e que, ao mesmo tempo, nos deve, nos deve para sempre sua educação.

A cena é bem conhecida, sim. Mas essa cena foi vista, talvez, por uns olhos quietos demais, manchados demais. Para olhá-la, para pousar o olhar sobre ela, foi preciso se concentrar apenas nos contornos, nas superfícies. Ali havia apenas a infância aprendiz, a infância provisória, promessa inefável de adultos, trabalho independente e uma perda insistente de nomes, biografias, relatos e gestualidade ofuscada pela presença onipotente da linguagem.

Ao comum talvez tenha faltado o cada um. O rosto de cada um. O corpo de cada um. A voz de cada um. A permanente transmutação de cada um. A negligência, o abismo, a perturbação ante cada um.

Porque é preciso querer e poder acariciar uma corcunda, ou um bronco, ou a perna ausente, ou a boca quase muda. É preciso querer e poder olhar um olhar que não nos olha. É preciso querer e poder perder-se em outra língua. É preciso querer e poder renunciar a todo vestígio de normalidade. É preciso querer e poder afetar-se, impossibilitar-se, ensurdecer-se, cegar-se, paralisar-se, isolar-se, esquecer-se, gaguejar para que o próprio corpo deixe, de uma vez por todas, de acreditar ser esse fatídico centro do universo educativo.

É preciso querer e poder fazer com que esse querer e esse poder sejam sempre provisórios, mistérios de uma relação que sempre escapa ao que aprendemos nos manuais, logo pulverizados pelo inefável passar do tempo. É preciso colocar o corpo ali onde o corpo exige uma ignorada dimensão de palavras, gestos e narrações.

Ao especial talvez falte o qualquer um. Qualquer corpo, qualquer aprendizagem, qualquer rosto. Submersos na estranha embriaguez que desperta cada um, mediu-se demais o destino dos outros. Assim, cada um não pôde ser qualquer um.

Entre uma cena e outra houve – há – uma rachadura, não uma fronteira, não um limite, não apenas uma separação. A reconciliação não é fácil. A rachadura é infinita. Não se trata apenas de instituições, de formações, de leis. Não se trata somente de adaptações, de probidade, de amor ou de dissimulação. Nada tem a ver com a tolerância, a religiosidade, a cura, a salvação, o *messianismo* – quer dizer: a missão messiânica. E não há, não haverá noção de "diversidade" suficiente, que alcance para cobrir a distância infinita, a distância abismal, a distância impudica entre o comum e o especial do educativo.

Do amor educativo.

Do amor para as crianças, do amor para o ensino, do amor para os ideais educativos, do amor para a primeira professora e para a segunda mãe, do amor para a leitura, do amor para a arte e para a vocação. Está repleta e, talvez satisfeita a educação. Entretanto, alguma coisa fica nas trevas, fica em suspenso, inclusive um silêncio irritante, incômodo, quando a toda pergunta sobre o educativo sobrevém, como primeira ou última resposta, como primeiro ou último sopro, talvez como única possibilidade de pensamento, o "por amor" educativo. Que o amor seja fonte de verdade bem o sabem os namorados, os *desenamorados*, os poetas, os exilados e os nobremente arrependidos. Mas: é fonte de verdade o "por amor" educativo? Permitam-me estender, alongar, fazer durar um pouco mais, fazer ressoar mais extensamente a palavra "amor" até transformá-la em "amorosidade" e ver como ressoam seus sentidos.

Um filme: *De nens (De niños)* do cineasta catalão Joaquín Jordá. Um rumor de vizinhança.[6] Um julgamento contra um professor acusado de pedofilia. Todo o poder jurídico, todo o poder midiático e o poder político contra a já decidida monstruosidade de um homem que cometeu o pior dos pecados: sentir amor pelas crianças, querê-las até limites difusos, imprecisos. Seu testemunho diante do juiz: "jamais lhes causaria algum dano, porque gosto deles". Um jornalista, que publica um livro, *Del amor a los niños,* e que revela outra monstruosidade; já não do suposto pedófilo acusado, mas do aparato que o julga. Condena à prisão perpétua. O professor.

Como pensar a amorosidade se, ao mesmo tempo, os preceitos moralizantes sugerem encurtar, estreitar, reduzir as sensações? É possível uma ideia de amorosidade que não se dobre em direção ao "por amor"?

Para Jacques Derrida a amorosidade é um gesto que traduz a possibilidade de "agarrá-las" com algo e com alguém (DERRIDA; ROUDINESCO, 2004, p. 12). *Agarrá-las,* porque esse algo (o outro), esse alguém (o outro) provoca ao mesmo tempo paixão, ira, temor, atenção, desolação, pesadelos, consternação, inclinação em direção ao seu corpo, memória do seu rosto, ética, justiça. A amorosidade se revelaria contra toda a indiferença, contra todo o descuido, toda a passividade e todo o esquecimento em relação ao outro e do outro. Mas a amorosidade educativa tem, em seguida, sua própria contraimagem opaca, velada: em nome do amor para com o outro define-se bruscamente o contorno de sua identidade, sua roupagem;

---

[6] Conta Joaquín Jordá sobre o início da história do pederasta de El Raval de Barcelona, o acusado e protagonista do filme: "Se, o clic que colocou essa professora do bairro, bêbada, chata, solitária, triste, que não sabia nada de nada. É a mulher da limpeza que lhe diz em Babia: "O senhor não sabe o que está acontecendo neste bairro? Estão acontecendo coisas terríveis!". E lhe fala de uma criança, um aluno seu, de quem a professora compra beijos em troca de 20 "duros". Conta-lhe que este menino sobe, de vez em quando, num carro vermelho de um senhor e quem sabe o que acontece esse carro... Essa senhora que simplesmente ouviu rumores é a que conduz toda essa história e chama a polícia". (JORDÁ, 2004, p. 4)

Educares

então, aguça-se demasiado o olho com que o olhamos, enraive-ce a assinatura com que o diagnosticamos, torna-se oco o nome que lhe damos, o silêncio que lhe atribuímos, a infelicidade na qual o supomos, o heroísmo com que o exaltamos, diminuímos sua "outra" língua, sua "outra" cultura, seu "outro" corpo, sua "outra" aprendizagem, sua 'outra' existência.

Passam muitíssimos anos, demasiados anos escutando, falando, informando-nos, opinando, lendo e escrevendo so-bre os outros "específicos" da educação – os deficientes, os pobres, a infância, os que parece que não aprendem, os mal comportados, os estrangeiros, as meninas, os jovens, e tantos e tantas outras – como se disso se tratasse toda a amorosidade educativa da qual somos capazes. É certo que seria mais fácil, mais cômodo – mas, sem nenhuma amorosidade – pensar o outro em termos de pura *negatividade* – o outro é o que eu não sou, sempre o outro é aquilo que nós não somos. Mas: sabemos por acaso o que somos e o que existe em nós? Temos alguma ideia, por menor que seja, sobre o que quer dizer nós? Que exorcismo, que esquecimentos, que sortilégios, que massacres, que bruxarias realizamos cada vez que pronunciamos esse nós?

Desde já, seria muito mais fácil, muito mais cômodo e muito mais "profissional" se compreendêssemos o outro so-mente como uma temática – o outro se transforma num tema, sempre é um tema: assim, por exemplo, não existem meninos nem meninas, mas, sim, "infância", não existem surdos, mas sim "surdez", não existem pobres, mas sim "pobreza", "indi-gência", "excluídos a serem incluídos", etc. – Talvez por isso festejamos, quase sempre sem obstáculos, quase sempre sem remorsos, o dia do índio, o dia da mulher, a semana da defi-ciência, o mês da tolerância, o ano dos povos submetidos. É claro: seria mais fácil, muito mais cômodo e mais "funcional" pensar e sentir o outro como aquilo que não tem, como aquilo que lhe falta – o outro é o que não tem e lhe falta, os outros são sempre os que não têm e lhes falta.

Então era isso? Só isso? Que o outro está fora de nós? Que o outro é pura negatividade? Que o outro é aquilo que

215

pensamos e dizemos que lhe falta? Que o outro é um tema de nossa especialidade? Que o outro é um discurso anterior a uma relação? Que a experiência do outro é banal, se comparada com a nossa, se assimilada à nossa? Essa é toda a amorosidade que nos resta?

Mas: e se a alteridade fosse, então, interioridade? Os outros que nos habitam? Uma positividade, enquanto (nos) produz algo? A impossibilidade absoluta de transformá-la numa temática, de tematizar o outro? Uma experiência não assimilável, que não é nossa, mas do outro? Uma relação sem um dispositivo de racionalidade que lhe anteceda?

Uma ideia um pouco altissonante, mas inquietante ao mesmo tempo: a alteridade não é tanto o que não somos, mas talvez *tudo aquilo que ainda não fomos capazes de ser*. E uma ideia menos enfática, mas talvez um pouco mais audaz: a alteridade não é tanto aquilo que não somos, mas sim tudo aquilo que *não sabemos*. Entretanto, pensar a alteridade como aquilo que não sabemos não significa que, algum dia, *o saibamos*.

Supõe, em certa medida, *continuar não sabendo*, o tempo todo.

O monolinguismo educativo.

Existe ainda hoje na educação, e de um modo mais generalizado, certa pretensão voltada para uma política linguística cujo princípio e finalidade consiste em identificar a língua, toda língua, qualquer língua, como a língua de uma nação e, portanto, como a língua de um Estado, como uma língua propriedade do Estado. Nesse sentido, pouco mudou desde tempos remotos, em que a fórmula: um território, um Estado, uma língua, dominava todas as percepções do cultural, do político e do linguístico.

Desse primeiro princípio e finalidade surge, então, não somente uma violência cotidiana, produto de um conjunto de imposições que tendem à normalização da língua e de seus usuários, mas também uma série de ficções, não menos violentas: a ficção de que existe alguma coisa como uma língua,

Educares

assim, no singular, sem fissuras, sem ambiguidades; a ficção de que a língua pode, por si mesma, resolver todos os problemas de explicação e compreensão; a ficção de que a língua pode separar-se, desgarrar-se, da experiência; a ficção de que a língua do outro é, sempre, uma língua minoritária, pequena, a meio caminho de uma língua completa, etc.

É bem certo que nas últimas décadas têm aparecido discursos e textos educativos que, na aparência, querem cristalizar uma proposta bem diferente: trata-se, dizem, do fato de que não existe uma língua, mas diferentes línguas, e que uma adequada atitude pedagógica consistiria em respeitar essa multiplicidade e, inclusive, em poder tolerá-la. Trata-se também, dizem, de que é preciso recuperar a identidade do sujeito, cuja língua não coincide com a língua oficial. E, se trata, além disso, de fazer com que o currículo escolar reflita, seja como for, esse conjunto impreciso de intenções.

Mas, as ficções pedagógicas da língua continuam, indenes e à espreita. E é assim talvez porque ainda predomine a ideia da língua pulcra e ordenada e, além disso, porque permanece a noção de que é função primordial da escola evitar toda desordem da língua, toda confusão da língua, toda multiplicidade caótica da língua.

Talvez fosse mais que conveniente começar a pensar que não existe tal coisa como a língua, no singular – naturalmente, existem os dicionários, as gramáticas, os manuais explicativos, as instituições da Língua – mas, que em cada língua há uma irrupção de uma multiplicidade e uma diferença em seu interior. Essa irrupção significa que a língua está ou se apresenta num estado de confusão e num estado de dispersão.

É uma idealização afirmar que todos falamos, lemos e escrevemos uma língua de Estado, mesmo que seja certo que idealmente dominamos sua gramática e seu vocabulário, que a utilizemos para nossa comunicação e nos sentimos relativamente cômodos com ela. Entretanto, é comum que vivamos intimamente uma experiência que poderíamos chamar de *babélica*. A experiência babélica provém da sensação de que

217

nossa língua não nos pertence, não nos obedece, não se submete à nossa vontade: trata-se, por assim dizer, da experiência da impessoalidade da língua.

Toda política da língua se situa justamente nesse plano da expropriação da experiência da língua do outro, nesse ordenamento daquilo que é inapropriado e nessa soberba de querer desvelar aquilo que a língua tem de misterioso, de indefinível, de inominável.

Se entendermos a educação como uma procura – inquietante, incômoda, difícil e, muitas vezes, exasperante – da coisa que há em comum, a imposição de uma língua, a imposição da língua, se constitui nem mais nem menos que em sua própria contradição, pois não haveria a possibilidade de buscar a coisa que existe em comum se isso pressupusesse um princípio redutivo da diferença linguística.

Esse paradoxo e essa negação fizeram com que a educação se propusesse a necessidade imperiosa de incorporar, de algum modo, as línguas do outro ao âmbito escolar. Assim, estamos assistindo a um fenômeno de *tematização* de certas línguas não conhecidas ou, até agora, depreciadas: as diferentes línguas indígenas, as diferentes línguas nas diferentes gerações, as diferentes línguas regionais, as línguas de sinais dos surdos, etc.

Mas: é possível fazer um tema, transformar em temática a língua que é do outro? A resposta é claramente negativa, pois, se o fizéssemos, estaríamos expondo mais uma vez essa armadilha, muitas vezes voluntária, que confunde o sistema da língua com a experiência da língua.

Como seria possível propor a relação entre a procura pela coisa em comum e a língua que é do outro? Creio que é preciso abordar essa questão, propondo a necessidade de rever essa figura do docente, como explicador e competente na língua do Estado e de sugerir a ideia de um educador mais relacionado com a possibilidade de conversar com o outro e, além disso, de fazê-lo a partir da língua que é do outro.

Pensemos, como exemplo, na educação dos surdos e na língua que é deles. Há aqui uma dualidade que muitas vezes fez dessa pedagogia algo tão improvável quanto impossível. Sabemos que, no geral, as crianças surdas adquirem uma língua de sinais dos adultos da comunidade de surdos, uma língua que não é universal, que também não é nacional, no sentido estrito, e que está obviamente atravessada por todos os recortes de identidade de seus usuários: sexualidade, geração, idade, classe social, gênero, corpo, experiência, escolaridade, etc. Em que língua, então, pode ser proposta a procura da coisa educativa em comum, na educação dos surdos? Além disso, como se conversa, nessa educação particular, sobre a procura da coisa em comum? São as línguas de sinais algo que somente deve tornar-se temática escolar?

Talvez, ao pensar a língua como experiência, talvez ao sentir a língua como inapropriada e misteriosa, talvez ao querer conversar na língua dos outros, a educação comece a percorrer esse árduo e sinuoso caminho da coisa em comum. Uma coisa em comum que não negue nossa confusão e nossa dispersão. Uma coisa em comum que não sobreponha uma língua à outra. Uma coisa em comum que não pressuponha afogar as diferenças, nem impor ao outro o ser como nós acreditamos que somos. Somos seres monolíngues no sentido de um credo, de uma fixação, de uma potência e de uma impossibilidade.

Contra a explicação.

Há alguma coisa da educação que possa começar ou durar ou ser concluída sem a explicação do professor? Pois, sem a explicação, toda e qualquer pedagogia conhecida e por conhecer parece desfazer-se no ar. Supomos, de fato, que sem explicação não existe sequer uma palavra inicial, um mínimo ponto de partida. Então: poderia a pedagogia, por acaso, subsistir sem explicação? A pedagogia não é, justamente *a* explicação? A pedagogia não é o império absoluto e tirânico da explicação?

O livro *O professor ignorante* dá a entender que é necessário inverter a lógica da explicação, o sistema explicativo da pedagogia, a pedagogia que é somente o acionar de uma lógica de explicação. E afirma que a explicação não é outra coisa senão a invenção e a construção constitutiva da incapacidade do outro. A explicação ocorre, pois foi criado, anteriormente, um incapaz que precisa da explicação. A invenção e a construção da incapacidade do outro é aquilo que possibilita o nascimento da figura do explicador: "A explicação não é necessária para socorrer uma incapacidade de compreender. É, pelo contrário, essa incapacidade [...] É o explicador quem tem a necessidade do incapaz, e não o contrário, é ela o que constitui o incapaz como tal" (RANCIÈRE, 2007, p. 16).

E o professor é, justamente, o explicador que inventou o incapaz, para justificar sua explicação. Portanto, o explicador e o incapaz constituem um binômio inseparável de todas as pressuposições pedagógicas, passadas e atuais. Não existe professor explicador sem aluno incapaz previamente construído.

Explicar é um monstro de mil caras cuja finalidade parece ser a de diminuir o outro por meio dos terrores das palavras habilmente encadeadas na gramática do professor; cria, a cada momento, a sensação de que o corpo do professor aumenta seu tamanho, na mesma proporção que torna diminuto o corpo do aluno. E, na medida em que o professor torna mais ampla a magnitude de sua explicação, o corpo do aluno vai ficando cada vez menor, até fazer-se órfão de si mesmo: é *apequenado* pela explicação. Assim, a explicação é um constante e perverso processo de *diminuição* do outro ou, nas palavras de Rancière, de *embrutecimento do outro*.

A ausência de explicação nos deixa sem professores? Sem a palavra do professor? Sem alguém que culmine ou completa aquilo que falta nos outros? Talvez essas perguntas possam gerar certo horror, uma sensação de destruição instantânea. Entretanto: será o contrário absolutamente certo, isto é, que, sim, se aprende com professores? Que, se não há professores não há aprendizagem? Assim responde Estanislao Antelo: "Não se aprende sem professores. Mas também não se aprende com professores comunicadores, provedores daquilo que falta aos outros. O professor também não é um guia, um acompanhante,

Educares

um facilitador ou desatinos como esses. Em todo caso é o próprio professor quem pode ser aprendido: observá-lo, imitá-lo, dissecá-lo, recompô-lo e, depois, talvez, tirá-lo de cima de nós. No final das contas, um professor não é mais que uma invenção do discípulo" (ANTELO, 2003, p. 254).

O aluno é algo, alguma coisa cuja incapacidade previamente determinada precisa de explicações. Ele mesmo tem que ser explicado pela explicação do professor. Ele não pode explicar a si mesmo, mas somente por meio da explicação cotidiana, seriada, graduada, sistemática do professor. O aluno é —o que equivale a dizer: existe — somente na medida em que é primeiro inventado e, logo após, explicado pelo professor.

E o professor foi formado na arte ou, para dizer melhor, na técnica da explicação. E depois de sua primeira formação, continua pensando na estética implacável de sua explicação: melhorá-la, embelezá-la, torná-la cada vez mais perfeita, estilizá-la. Contudo, a explicação na qual foi formado e a qual continua buscando com desespero é uma explicação que nada explica, a não ser numa lógica muito particular, a não ser em sua própria, monótona e insossa lógica explicativa.

Assim, a lógica da explicação se perpetua até o infinito, mas não em seu sentido progressivo, de avanço; muito pelo contrário, essa lógica: "comporta, desse modo, o princípio de uma regressão ao infinito: a reduplicação das razões não tem jamais razão de deter-se" (RANCIÈRE, 2007, p. 18).

A pedagogia é, assim, a perpetuação e a coisificação da relação entre uma explicação e uma compreensão que lhe segue, como uma sombra e que deve ser sua cópia fiel, sua equivalência do lado do aluno, o decalque de sua origem.

A explicação é propriedade exclusiva do professor; no entanto, a compreensão, o entendimento, é uma propriedade provisória do aluno. Em meio aos dois mecanismos (explicação/compreensão), instala-se, para sempre, *a arte de acabar com as distâncias*: a distância entre dois sujeitos, entre duas inteligências, entre duas línguas. O professor explicador afoga de uma só vez essa distância, reabsorve-a no seio de sua palavra, de sua eterna e repetitiva palavra.

A pedagogia deveria subtrair-se da explicação, deveria ficar órfã da ordem da explicação, deveria eliminar a todo--poderosa presença do explicador, deveria, em síntese, deixar de explicar.

É necessário, portanto, inverter a lógica da explicação: a lógica de inventar o outro incapaz e a lógica consequente – mesmo que simultânea – do ato de explicar.

Qual seria, então, a primeira frase da pedagogia que poderia permanecer ao ser retirada a armadilha da explicação, aquela frase que daria início ao sentido da pedagogia? Para *o professor ignorante* essa frase seria: "É preciso que eu lhes ensine que nada tenho para ensinar-lhes" (Rancière, 2007, p. 27). Ensinar aquilo que não se tem para Ensinar. Ensinar o que não se sabe, mas talvez se ama. Essa é a tarefa do professor ignorante. Essa é a lição que o *professor ignorante* oferece. E que cada um deveríamos decifrar no nosso tempo e ao nosso modo.

Razão jurídica e educação.

É no mínimo curiosa a imagem que se estabeleceu sobre a convivência educativa, principalmente em certos âmbitos infestados de jargão jurídico, como aquela que deve acatar, sem questionamento, certas regras – nem sempre formuladas ou apenas ditas nas entrelinhas – que instalam definitivamente a ideia de uma suposta empatia, calma e não conflituosidade. A insistência da razão jurídica, mesmo em seu parco, mas compreensível utilitarismo e sua intenção de traduzir alguns fragmentos da vastidão das relações de convivência não pode ser senão uma desembocadura estreita onde se aprende e apreende o movimento evasivo do humano; movimento que, então, começa a aquietar-se, a estancar-se. O político da convivência fica, como diz Jean-Luc Nancy, irremediavelmente partido em dois: "[...] Por um lado, a abstração formal do direito, que [...] "dá direito" [...] a toda particularidade e toda relação" (Nancy,

Educares

2006, p. 63). Com efeito, dá a sensação de que esse direito não tem direito à outra coisa, não pode pretender outro sentido, a não ser, é claro: "[...] que o próprio direito trate de erigir-se como origem ou fundamento, sob a custódia de uma Lei absoluta" (NANCY, 2006, p. 63).

Se a razão jurídica se configura com antecipação e em oposição às linguagens da convivência, sua vitalidade ficaria subordinada e sepultada a um amontoado de algumas poucas fórmulas prescritivas, excepcionais e obrigatórias. Entretanto, o saber experimental da relação parece dizer outra coisa bem diferente: que sua contingência original está cimentada na vulnerabilidade, no conflito, na fragilidade, no desencontro, na perturbação, na alteração, na interrupção, no finito, na hospitalidade, no intocável, na hostilidade, no outro, no seu mistério, na irredutibilidade. Dessa tensão entre razão jurídica e saber relacional, parece que a norma defende sua norma no mesmo momento em que pretende iniciar seu mandato e tudo parece acontecer como se alguém, antes de afetar ou de sentir-se afetado por um outro, deva fazer-se a pergunta obrigatória sobre o direito de sentir-se desse modo e justificar, com primordial antecipação, se com isso não se lesiona, não se fere ou se violenta algum princípio (jurídico) da individualidade.

A eficácia da razão jurídica alcança, assim, sua maior plenitude e seu mais ansiado desejo: na pergunta pelo direito e nas obrigações da convivência está a própria disseminação da norma; a aplicação de uma norma que, como diz Agamben (2005, p. 83): "Não está, de modo algum, contida nela, nem também pode ser deduzida dela, porque, se fosse assim, não tinha sido necessário criar todo o imponente edifício do direito processual".

É claro que assistimos a um tempo de supremacia e exclusividade da razão e à linguagem jurídica, por cima de outras linguagens e de outros modos de convivência, mas não é só isso o que condiciona a perda da responsabilidade da relação ética. Este tempo obsceno, no dizer de Mèlich (1998), transformou dramaticamente a ética em política ou sociologia e transformou a relação com o outro num poder que o escraviza, ameaçando assim seu fim, o fim da ética.

A razão jurídica definiu a si mesma como a detenção necessária e obrigatória para que talvez – logo, então, se fosse o caso, se houvesse oportunidade – dali surja o pensamento ético da convivência. Mas o que acontece, na verdade, é uma detenção moralizante que nunca permite o exercício da ética e se transforma em seu mais que impossível e demorado prólogo.

Mas mal faríamos em pensar que o jargão, o excesso de razão jurídica e a disseminação da lei, anteriores e ameaçadores da ética, são males apenas desta época. Já Michel de Montaigne se interrogava sobre a discrepância entre nossa linguagem comum e o que ele chamou de arte da linguagem legalista: "Porque os príncipes dessa arte se aplicam, com particular atenção a escolher palavras solenes e formar cláusulas compostas com arte e, assim, tanto pesam cada sílaba e de tal maneira retorcem as conexões, que se emaranham e abismam na infinidade de suas figuras e partições, com as quais já não podem entrar em regra nem prescrição alguma, nem em nenhuma inteligência certa" (MONTAIGNE, 2007, p. 48).

É que o mundo se foi enchendo de vigilantes vociferantes da lei e de suas políticas e suas instituições, mal sabem reconhecer a estreiteza da casa onde moram e a volatilidade e voracidade do emaranhado da língua que pronunciam.

Gestos mínimos e educação.

Seria preciso dar algumas voltas em torno de uma ideia totalmente inconfessável, ou talvez não totalmente passível de expressar, relacionada com a possibilidade de falar – e de escrever – sobre uma *gestualidade mínima* para pensar *a* educação, para pensar *no* próprio interior da educação. Trata-se, talvez, de um pensamento que iria em direção oposta, ou numa direção diferente de boa parte dessas linguagens apocalípticas, ou heroicas, ou hipertrágicas, ou redentoras, ou salvacionistas, ou benéficas, que configuram uma significativa parte do relato pedagógico contemporâneo.

Pode-se dizer, em princípio, que essa "gestualidade mínima" diz alguma coisa sobre a linguagem em que formulamos o educativo, mas também diz alguma coisa sobre os modos em que se produz o educativo, isto é, abre a possibilidade para certa forma de pensar sobre isso que está acontecendo, isso que nos está acontecendo na educação, diariamente.

Vou me servir de três sensações diferentes para tentar esmiuçar essa ideia de *gestualidade mínima*, essa espécie de segredo sobre o pequeno que a toda hora quer expressar-se.

A primeira dessas sensações surge a partir de uma leitura à margem do texto de Nietzsche: *De mi vida. Escritos autobiográficos de juventude*. Nesse texto o filósofo se pergunta, de vez em quando, como seria possível esboçar com justiça o retrato de vida de uma pessoa. Pensa, num primeiro instante, que tudo procede do mesmo modo como se fosse o esboço de uma paisagem que visitamos, isto é, recordando e descrevendo suas formas, suas cores, seus odores, mas, evitando ao mesmo tempo, toda tentação pelas primeiras impressões, por aquelas impressões às quais ele mesmo chama de "fisionômicas". Em seguida, faz uma forte apelação para não se deixar capturar pelos dons da fortuna ou pelas manobras caprichosas do destino de uma pessoa, senão, mais exatamente, incorporando aquelas experiências mínimas, aqueles acontecimentos interiores, aos quais, geralmente não lhes é dada importância e que são, para o filósofo alemão, aqueles que mostram com mais clareza a totalidade do caráter de um indivíduo. Nietzsche coloca em jogo aqui uma espécie de oposição entre o grande relato, o relato eloquente, exacerbado, exagerado, inclusive hiperbólico, e advoga por uma detenção mais suave, nada altiva, do pequeno, daquilo que pode ser confundido com o não transcendente, com o fugaz e que, contudo, resulta decisório, se torna enfático por sua tepidez, esclarecedor, de certo modo, quando se trata de alguém que quer dizer algo sobre si mesmo ou sobre alguém ou sobre alguma coisa.

A segunda sensação advém de certa limitada interpretação sobre a noção de hospitalidade, a partir de determinada leitura de Lévinas e, principalmente, de Derrida. Como é sabido, é possível encontrar uma série de ressonâncias sobre a relação íntima entre acolhimento e ética, justiça e alteridade, certo sentido do próprio, do mesmo e do estrangeiro, entre as boas-vindas ao outro e a ameaça que provém do outro, etc.

Tem-se a sensação de que houve um excesso, uma desmedida na interpretação de uma Lei maiúscula de hospitalidade, isto é, no fato de dar um lugar, um acolhimento, um espaço ao outro, a qualquer outro, sem impor-lhe nenhum tipo de condições. Como se essa hospitalidade expressasse um matiz quase religioso, quase mítico, para receber alguém, inclusive para além das possibilidades e capacidades do "eu", do "eu mesmo". Mas, se nas boas-vindas ao outro são-lhes exigidas condições: existe, de fato, hospitalidade? É hospitalidade mesmo? Por isso é que sinto uma desmesura, uma acentuação excessiva. Como se todo ato de hospitalidade tivesse que se revestir de um imenso halo de bondade, de um excelso virtuosismo, de uma ação quase desumana.

A referência a um breve texto de Laurence Cornu dá a possibilidade de retomar a ideia de gestualidade mínima. Numa seção, justamente, intitulada "Gestos de hospitalidade", a autora expressa que: "A hospitalidade acolhe à mesa, em casa etc. a quem vem de fora. Nas práticas e nos relatos de numerosas culturas, a hospitalidade é o acolhimento que se faz da pessoa de fora, é o conjunto de gestos e de ritos do umbral, da entrada, da estadia e da saída de um espaço habitado, conjunto que permite converter o *hostis* em *hospes*, a hostilidade do inimigo na hospitalidade dos anfitriões [...] Uma oportunidade que se baseia em **gestos simples**, em palavras e também silêncios, com paciências e respirações" (Cornu, 2007, p. 63, itálicos do original e negrito meu).

É notório que, nesse breve parágrafo, a passagem de ser-hostil a ser-hospedado se resolva sob a forma de gestos simples: cumprimentar, acompanhar, possibilitar, dar entrada, habilitar, conversar, calar-se, respirar, dar, ser paciente, estar ali, dizer, calar, etc. Em outras palavras: ser hospitaleiro talvez consista em ser comedido e não desmedido, em ser austero, em não sublinhar nem enfatizar a própria gestualidade.

Vamos, então, a uma terceira sensação.

Hoje, muito se fala de uma educação para todos, mas nesse *Todos sem exceção* – em que se marca em demasia o substantivo, o maiúsculo, outra vez a totalidade – não parece caber um *qualquer um*: qualquer menino, qualquer menina, qualquer jovem, enfim, qualquer outro, com qualquer corpo, qualquer modo de aprender, qualquer posição social, qualquer sexualidade: *qualquer qualquer um*. O que quero dizer é que existe a pretensão de um gesto sempre desmesurado, sempre excessivo nessa enunciação de "todos" e nos faltam, nos fazem falta, fazem falta os gestos mínimos para educar. Para educar a qualquer um.

Abstenho-me aqui da necessidade de certos atos heroicos para incluir o diferente, o diverso, o excluído; não me refiro à necessidade das grandes transformações reformistas; não sugiro a recomposição de currículo, de didáticas, programas, capacitações, manuais, etc. Digo, de novo, mais uma vez: dar as boas-vindas, cumprimentar, acompanhar, permitir, ser paciente, possibilitar, deixar, ceder, dar, olhar, ler, brincar, habilitar, atender, escutar.

Assim, talvez, fosse possível educar, não a todos, no sentido abstrato, mas a qualquer um e a cada um. A *qualqueridade* e a *cada unicidade* com as quais viemos ao mundo. E com as quais dele nos vamos.

Hospitalidade e educação.

Na Antiguidade, todo ato de hospitalidade devia começar com um pedido, com uma súplica, com um desejo de acolhimento por parte do recém-chegado. O hóspede imediatamente era tratado com respeito e diferença e era conduzido para o interior da casa. Ofereciam-lhe um banho, unguentos e roupa limpa. Acomodado no trono *hospitalar*, serviam-lhe comida, comida hospitaleira, rezavam a Zeus, deus da hospitalidade e indicavam ao hóspede que podia beber e comer à vontade. Nesse instante era realizado o juramento de amizade. Pouco depois de comer e beber, e só então, perguntavam ao hóspede quem era, qual era sua origem, qual eram seus propósitos e para onde seguia viagem. Mas isso seria possível somente se tivessem dado todas as atenções à ele. Estabelecida a conversa, os anfitriões ofereciam recitais de poesia e dança. No momento de decidir partir, entregavam ao hóspede presentes hospitaleiros, que fariam com que recordasse o tempo das boas-vindas e o sinal da simpatia desenvolvida durante a hospitalidade.

Esse ato, esse ritual prototípico de hospitalidade, com mais ou menos atributos e detalhes, é o que nos relata Ángel de la Guardia y Bermejo (1987) a partir de suas leituras de Homero. A existência desse ritual possui muitas versões diferentes e é muito conhecida a partir de diferentes mitos e fragmentos literários. Inclusive a definição latina do termo "hospitalidade" (*hospitalĭtas, -ātis*) supõe e se refere à virtude de quem hospeda peregrinos, necessitados e desvalidos, recolhendo-os e prestando-lhes a devida assistência em suas necessidades.

O propósito de seu registro aqui não é outro senão o de ilustrar a imagem invertida que a hospitalidade mostra na vida contemporânea, tarefa que já haviam empreendido Benveniste e Jacques Derrida, entre outros. Imagem invertida, quer dizer: a hostilidade para com o outro ou a violência que supõe a exigência de transparência identitária aos demais. Não dar hospitalidade sem perguntar a procedência. Também quer dizer: quando começam as perguntas que o outro deverá responder? Pergunta o "eu" porque é dono da casa – ou do Estado, ou das instituições educativas, etc. – ou pergunta o outro? Ou não há nenhuma pergunta, mas relações de amizade e hospitalidade?

Se a imagem mais frequente do outro estava tingida de uma fantasmagoria e de uma *espectralidade* próximas à ameaça, à violência e ao desaparecimento instantâneo, do que hoje parece tratar-se, além disso, é de uma imagem não menos desbotada que tenta sujeitar e confinar o outro a sua aparente identidade. Assim, cada outro deveria ser o resultado de uma duplicação representativa alheia e própria, ao mesmo tempo. Nessa pretendida duplicação cada outro deveria estar obrigado a ser representante fiel de um ou outro discurso sobre a diversidade, cada diverso deveria ficar fechado no eufemismo da diversidade, isto é: cada estrangeiro não seria outra coisa senão sua proverbial e mítica condição de estrangeiro, cada miserável não seria senão sua indeclinável miséria, cada violento viveria somente como o autor e o ator de sua própria violência, cada pessoa com deficiência deveria responder a uma noção mais ou menos detalhada de ausência ou falta ou falha.

Mas então: existe relação de hospitalidade com o outro ou o que existe é uma relação textual e temática que deixa de lado a alteridade do outro, aquilo que é *outro* no outro? É, por acaso, hospitaleira a convivência quando se fabrica a substituição daquilo que o outro seria ou estaria sendo por uma torpe fixação identitária? E como requisitar do outro seu lugar na convivência, se ele foi deslocado, desestabilizado em sua própria intimidade e em sua própria existência?

Embora a hospitalidade possa ser apresentada como a ação de receber o outro num ato desmedido – isto é, de recebê-lo para além de toda "capacidade do eu" (DERRIDA, 1998, p. 44) – em seguida, deixa-se tomar por uma ambiguidade que lhe é constitutiva, como se se tratasse de uma capacidade que é, ao mesmo tempo, ilimitada e limitada, tanto incondicional quanto condicional. E isso se vê refletido na distinção entre a Lei – maiúscula – e as leis – minúsculas – da hospitalidade.

Sim, a Lei da hospitalidade é incondicional.

Trata-se de receber o outro sem fazer-se nem fazer-lhe nenhuma pergunta; trata-se da possibilidade de ser anfitriões sem estabelecer nenhuma condição. E não há leis na Lei da hospitalidade porque nela se declara a abertura, o recebimento, o acolhimento ao outro, sem a pretensão do saber nem o poder da assimilação. E não há leis na Lei da hospitalidade porque, assim que é pronunciada, ela já não tem mais nada para dizer, já disse tudo, isto é, já ofereceu, já doou tudo o que podia e tinha que dizer. A Lei da hospitalidade é seguida de um silêncio ético, porque é o outro quem decide se virá ou não virá.

Sim, as leis da hospitalidade impõem condições.

Formulam-se perguntas e os outros ficam numa posição apenas de ter que responder; pois são os outros os que devem pedir hospedagem, os que devem revelar suas intenções como hóspedes, os que têm que apresentar sua documentação, dizer seus nomes, falar a língua do anfitrião, mesmo sendo totalmente estrangeiros a ela. Desse modo, tudo pode ser perguntado ou interrogado, tudo acaba sendo a ostentação de um poder peculiar que corresponde a quem estabelece as leis da hospitalidade: o poder de colocar o outro em questão, em nome da razão jurídica. O hóspede se transforma, assim, num ser em questão, num ser questionado. E, haverá sempre a necessidade de mais e mais leis nas leis da hospitalidade, porque nelas se revelará de vez em quando a suspeita sobre o humano do outro a ser hospedado; e se multiplicarão, então, os meandros, os espelhos e os labirintos os quais o outro terá que percorrer até poder ser o mais parecido com o próprio hóspede.

Mas: devemos perguntar ou não? Devemos saber ou não? ¿Devemos ou não conhecer o nome do outro? Tudo isso é questionado, insistentemente, por Jacques Derrida (2000, p. 34): "A hospitalidade consiste em interrogar a quem é recém-chegado? Ela começa pela pergunta dirigida a quem é recém-chegado? [...] É mais justo e mais amoroso perguntar ou não perguntar? [...] Ou bem, a hospitalidade se oferece, se dá ao outro antes que se identifique, inclusive antes de que seja sujeito, sujeito de direito e sujeito nomeável por seu sobrenome?".

Se a Lei da hospitalidade não é uma pergunta nem nada pergunta, a razão jurídica volta exigente e torna explícita uma pergunta que, talvez, seja impraticável e que não tem resposta possível, a não ser o próprio abandono da relação. Se, por sua vez, a Lei da hospitalidade sugere um modo ético de convivência – pois somente sabe seguir uma responsabilidade que obedece ao outro, quer dizer, que está *ditada* pela existência do outro – a razão jurídica supõe uma relação de desigualdade comandada pela altura elevada de um *eu que hospeda* e que estabelece os tempos e os espaços de sua hospedagem. Se a Lei da hospitalidade põe em jogo um ato de doação, que nada pede em troca, a razão jurídica

Educares

determina uma longa sequela de endividamento do outro – já que deverá, consequentemente, acatar a lei da morada alheia, aprender a assemelhar-se e saber a língua do anfitrião, em que as leis estão formuladas. Algo de tudo isso dizia ironicamente Ambrose Bierce em seu *Diccionario del Diablo* (2005, p. 213), ao definir hospitalidade como: "Virtude que nos induz a alojar e alimentar pessoas que não precisam de alojamento nem de alimento".

Mas seria preciso atrever-se, ainda, a uma contradição que não cessa, que não pode deixar de ser incessante. A pergunta em si pela hospitalidade traz consigo uma fumaceira de idealização e, em seu próprio movimento de proclamar, conleva o ocultamento daquilo que porta inexoravelmente: a hostilidade. Porque aqui já não é questão de uma oposição didaticamente plausível entre uma Lei maiúscula e umas leis minúsculas de hospitalidade, mas a de uma afirmação, mesmo que indelével, que seja capaz de sustentar e suportar uma dualidade indômita, que nunca reconhecerá sua unidade "neste mundo" e com as linguagens que estão e nos são disponíveis.

Então: a não ser que sejam vistas como uma vulgar oposição de valores, ou como vagas alternâncias de estados do espírito, a hospitalidade e a hostilidade configuram o que é humano no humano, no sentido de sua própria inscrição no cenário da diferença: é aquilo que difere o que possibilita a entrada na conversa, o que põe em jogo a fidelidade e a infidelidade a propósito da herança, o que traça o semblante do anfitrião e do hóspede, da tradição e da transmissão. Renunciar a isso, isto é, renunciar à diferença, é renunciar ao que ainda há para ser dito – por pouco ou muito, por trascendente ou banal, por lânguido ou exacerbado que for – ao que ainda é possível tocar no limite do outro, aquilo que ainda não foi uma despedida, já anunciada e definitiva. Como diz Ricardo Forster (2007, p. 42): "Somente mantendo essa hostilidade na hospitalidade, esse desejo de entremear-se e de diferenciar-se, de dar e receber, mas também de reconhecer as fronteiras infranqueáveis que nasceram de biografias imprescindivelmente outras, é que ainda há, que ainda fica alguma coisa por dizer entre duas pessoas.

Longe de toda segurança, experimentando muitas vezes a intempérie própria de uma época destemperada, a única garantia de permanecer no humano nasce desse paradoxo hospitaleiro".

O estar-juntos é hospitaleiro e hostil ao mesmo tempo, e por isso mesmo é que existe convivência, relação com o outro, existe relação de alteridade; e por essa razão, talvez, seja preciso vencer a tentação dessa pobre imagem de convivência como mera equação do estar-juntos – e, então, como o equânime, como o equivalente, como o equitativo: "O poder existe porque a coexistência não é pacífica – diz Nancy – porque é competitiva e hostil ao mesmo tempo que cooperativa e fraterna. Essa ambivalência é aquela da negatividade que compartilhamos" (NANCY, 2007, p. 45).

Se a obsessão pelo outro pronuncia essa língua recheada de suspeitas, de desconfiança, receio, periculosidade, perseguição, medo, burocratização da vida do hóspede, vigilância das fronteiras, alternância da exclusão e da inclusão, exigência da documentação, sujeição aos arquivos mortos da herança, a linguagem da ética prefere sussurrar sua linguagem em termos de responsabilidade, de estar alerta, de vigília, de uma preocupação, um gesto de recebimento, de atenção, de desvelo, enfim, de acolhimento ao outro.

A hospitalidade e as relações de alteridade se inscrevem numa responsabilidade ética, isto é, numa relação não interessada que não se define por uma falta, uma carência do eu: "A relação de alteridade não expressa nenhuma 'necessidade' do sujeito" – escreve Mèlich (2001, p. 66-67), "porque se não fosse assim, a relação com o outro seria uma relação interessada".

É que não se trata, somente, de um reconhecimento do outro e de uma inversão de questionamento, quer dizer, de Quem questiona a Quem. Não se trata, apenas, de uma resposta que salve o eu de seu próprio pecado ou da ausência de toda virtude. Não acontece, simplesmente, como uma obrigação, que provém, obrigada e certeira, de certa lei da convivência.

Trata-se, mais exatamente, de uma responsabilidade ética sem fundo; de uma responsabilidade que, como afirma Derrida (1995, p. 73), se expressa: "[...] diante dos fantasmas daqueles que ainda não nasceram ou daqueles que já morreram".

Referências

ADORNO, Theodor. *El ensayo como forma. Notas de literatura.* Barcelona: Ariel, 1962.

AGAMBEN, Giorgio. *Estado de excepción.* Buenos Aires: Adriana Hidalgo, 2005.

ANTELO, Estanislao. Nada mejor que tener un buen desigual cerca. *Educação & Sociedade,* Campinas, v. 24, n. 82, p. 251-258, abr. 2003.

ARENDT, Hannah. *La promesa de la política.* Barcelona: Paídos, 2008.

ARISTÓTELES. *Sobre la amistad (Ética a Nicómaco).* Barcelona: Folio, 2006.

BACHMANN, Ingeborg. *Debemos encontrar frases verdaderas. Conversaciones y entrevistas.* México (DF): Editorial de la UNAM, 2000.

BACHMANN, Ingeborg. *Últimos poemas.* Madrid: Hiperión, 1999.

BALAGUER, Asun Pié. *Herencias y actualidad de la discapacidad. Una apertura pedagógica a lo sensible.* Barcelona: Gedisa, 2014.

BÁRCENA, Fernando. Aprender la fragilidad. Meditación filosófica sobre una excepción existencial. *Childhood & Philosophy,* Rio de Janeiro, v. 8, n. 15, p. 11-31, jan.-jun. 2012.

BÁRCENA, Fernando. Aprendices del tiempo. La educación entre generaciones. *Revista Todavía,* Buenos Aires, n. 21, p. 8-11, 2009.

BARICCO, Alessandro. *Los bárbaros. Ensayo sobre la mutación.* Barcelona: Anagrama, 2008.

BARTHES, Roland. *El placer del texto y lección inaugural.* Buenos Aires: Siglo XXI, 2003.

BARTHES, Roland. *Ensayos críticos.* Buenos Aires: Seix Barral, 2003.

BARTHES, Roland. *Fragmentos de un discurso amoroso.* México (DF): Siglo XXI, 1982.

BERARDI, Franco. *Generación Post-Alfa. Patologías e imaginarios en el semiocapitalismo.* Buenos Aires: Tinta Limón, 2007.

BIERCE, Ambrose. *Diccionario del Diablo.* Barcelona: Galaxia Gutenberg, 2005.

BLANCHOT, Maurice. *La comunidad inconfesable.* Madrid: Arena Libros, 1999.

BLANCHOT, Maurice. *Nietzsche y la escritura fragmentaria*. Buenos Aires: Calden, 1973.

BLANCHOT, Maurice. *Una voz venida de otra parte*. Madrid: Arena Libros, 2009.

CANETTI, Elías. *Apuntes, 1942-1993*. Barcelona: Galaxia Gutenberg, 2005. (Obra completa, 4).

CANETTI, Elías. *El arte de la prosa ensayística*. Caracas: Fundación Metrópolis, 1999. (Umbrales).

CANETTI, Elías. *La lengua absuelta*. Barcelona. Muchnik, 1980.

CHAR, René. *Indagación de la base y la cima*. Madrid: Árdora, 1999.

CIORAN, Emil. *Silogismos de la amargura*. Barcelona: Tusquets, 1990.

CIXOUS, Hélène. *La llegada a la escritura*. Buenos Aires: Amorrortu, 2006.

CLAUDEL, Philippe. *Almas grises*. Barcelona: Salamandra, 2008.

CLAUDEL, Philippe. *Aromas.* Barcelona: Salamandra, 2012.

COETZEE, John Maxwell. *Esperando a los bárbaros*. México: Random House Mondadori, 2007.

COETZEE, John Maxwell. *Foe*. Buenos Aires: Literatura Mondadori, 2005.

COETZEE, John Maxwell. *La edad de hierro*. Barcelona: Literatura Mondadori, 2002.

COETZEE, John Maxwell. *Vida y época de Michael K*. Barcelona: Literatura Mondadori, 2006.

CONTRERAS, José. Prólogo. In: SKLIAR; LARROSA, Jorge (Comp.). *Experiencia y alteridad en educación*. Rosario: Homo Sapiens, 2009.

CORNU, Laurence. Lugares y compañías. In: LARROSA, Jorge (Ed.). *Entre nosotros. Sobre la convivencia entre generaciones*. Barcelona: Fundació Viure i Conviure, 2007.

DANTZIG, Charles. *¿Por qué leer?* Madrid: 451 Ediciones, 2011.

DE LA GUARDIA Y BERMEJO, Ángel L. H. La hospitalidad en Homero. *Gerhin*, Madrid, Editorial de la Universidad Complutense de Madrid, n. 5, p. 43-56, 1987.

DELEUZE, Gilles. *La lógica del sentido*. Barcelona: Paidós Surcos, 2005.

DERRIDA, Jacques. *Adiós a Emmanuel Lévinas. Palabras de acogida*. Madrid: Trotta, 1998.

DERRIDA, Jacques. *Aprender (por fin) a vivir*. Buenos Aires: Amorrortu, 2007.

DERRIDA, Jacques. *De la hospitalidad*. Buenos Aires: Ediciones de La Flor, 2000.

Referências

DERRIDA, Jacques. *Espectros de Marx*. Madrid: Trotta, 1995.

DERRIDA, Jacques. *Políticas de la amistad*. Madrid: Trotta, 1994.

DERRIDA, Jacques; ROUDINESCO, Elizabeth. *Y mañana qué*. México (DF): Fondo de Cultura Económica, 2004.

DOLAR, Mladen. *Una voz y nada más*. Buenos Aires: Bordes Manantial, 2007.

EFRON, Ariadna. *Marina Tsvetáieva, mi madre*. Barcelona: Circe, 2009.

FADANELLI, Guillermo. *Educar a los topos*. Barcelona: Anagrama, 2006.

FORSTER, Ricardo. Transmisión, tradición: entre el equívoco y la incomodidad, In: LARROSA, Jorge (Ed.). *Entre nosotros. Sobre la convivencia entre generaciones*. Barcelona: Fundació Viure i Conviure, 2007.

FOUCAULT, Michel. *La arqueología del saber*. México (DF): Fondo de Cultura Económica, 1996.

FRIGERIO, Graciela. Acerca de lo inenseñable. In: SKLIAR, Carlos; FRIGERIO, Graciela. *Huellas de Derrida. Ensayos pedagógicos no solicitados*. Buenos Aires: Del Estante, 2006.

GASPARINI LAGRANGE, Marina. *Laberinto veneciano*. Barcelona: Candaya, 2010.

GIL DE BIEDMA, Jaime. *Las personas del verbo*. Barcelona: Seix Barral, 1982.

GONZÁLEZ, Ángel. *Nada grave*. Madrid: Colección Visor de Poesía, 2008.

HANDKE, Peter. *Ensayo sobre el cansancio*. Madrid: Alianza, 1990.

HAUSHOFER, Marlen. *La puerta secreta*. Madrid: Siruela, 2003.

HEIDEGGER, Martin. *A caminho da linguagem*. Petrópolis: Vozes, 2003.

JACCOTTET, Philippe. *El ignorante. Poemas 1952-1956*. Valencia: Pre-Textos, 2006. (La cruz del Sur).

JORDÁ, Joaquín. Entrevista. *Revista Lateral*, Barcelona, n. 114, p. 42, 2004. Entrevista concedida a Anuschka Seifert e Adriana Castillo.

JUARROZ, Roberto. *Octava Poesía Vertical*. Buenos Aires: Emecé, 2005.

KOHAN, Walter. *Filosofía y educación. La infancia y la política como pretexto*. Caracas: Fondo Editorial Fundarte, 2011.

KOHAN, Walter. *Infancia entre Educación y Filosofía*. Barcelona: Laertes, 2007.

KRISTOF, Agota. *Claus y Lucas*. Barcelona: El Aleph, 2007.

KRISTOF, Agota. *La analfabeta*. Barcelona: Obelisco, 2006.

LACOUE-LABARTHE, Philippe. *La poesía como experiencia*. Madrid: Arena Libros, 2006.

LÁRINA, Anna. *Lo que no puedo olvidar*. Barcelona: Galaxia Gutenberg, 2006.

LARROSA, Jorge. *Entre las lenguas. Lenguaje y educación después de Babel*. Barcelona: Laertes, 2005.

LARROSA, Jorge. Fin de partida. Leer, escribir, conversar (y tal vez pensar) en una facultad de educación. In: SIMONS, Maarten; MASSCHELEIN, Jan; LARROSA, Jorge (Eds.). *Jacques Rancière. La educación pública y la domesticación de la democracia*. Buenos Aires: Miño y Dávila, 2011.

LARROSA, Jorge. La moral del lenguaje. In: HOFMANNSTHAL, Hugo von. *Una carta*. Bogotá: Siglo del Hombre, 2010. (Primero el Lector).

LARROSA, Jorge. Una lengua para la conversación. In: LARROSA, Jorge; SKLIAR, Carlos (Coords.). *Entre pedagogía y literatura*. Buenos Aires: Miño y Dávila, 2006. p. 25-40.

LEFEBVRE, Henri. *Manifiesto diferencialista*. México (DF): Siglo XXI, 1972.

LÉVINAS, Emmanuel. *Totalidad e infinito*. Salamanca: Sígueme, 1977.

LISPECTOR, Clarice. *Para não esquecer*. 5. ed. São Paulo, Siciliano, 1992.

LISPECTOR, Clarice. *A descoberta do mundo*. Rio de Janeiro: Rocco, 1999.

MAILLARD, Chantal. *Bélgica*. Valencia: Pre-Textos, 2011.

MAILLARD, Chantal. *Conjuros*. Madrid: Huerga y Fierro, 2001.

MAILLARD, Chantal. *Hilos*. Barcelona: Tusquets, 2007.

MAILLARD, Chantal. *Matar a Platón*. Barcelona: Tusquets, 2004.

MÁRSICO, Claudia T. Poesía y origen del discurso filosófico en La República de Platón. *Pomoerium*, n. 3, p. 51-60, 1998.

MASSCHELEIN, Jan; SIMON, Maarten. *Em defesa da escola. Uma questão pública*. Belo Horizonte: Autêntica, 2013.

MÈLICH, Joan-Carles. El tiempo y el deseo. Nota sobre una ética fenomenológica a partir de Lévinas. *Enrahonar*, Barcelona, v. 28, p. 187-203, 1998.

MÈLICH, Joan-Carles. *La ausencia del testimonio: ética y pedagogía en los relatos del Holocausto*. Barcelona: Anthropos, 2001.

MELOT, Michel. ¿Y cómo va "la muerte del libro"? *ISTOR, Revista de Historia Internacional*, n. 31, p. 7-26, 2007.

MERINI, Alda. *Clínica del abandono*. Buenos Aires: Bajo La Luna, 2008.

MESCHONNIC, Henri. *La poética como crítica del sentido*. Buenos Aires: Mármol-Izquierdo, 2007.

Referências

MONTAIGNE, Michel de. *De la experiencia y otros ensayos*. Barcelona: Folio, 2007.

MORÁBITO, Fabio. *Terrains Vagues. Lotes Baldíos*. Québec: Écrits des Forges, 2001.

MOREY, Miguel. *Pequeñas doctrinas de la soledad*. México (DF): Sexto Piso, 2007.

NANCY, Jean-Luc. *58 indicios sobre el cuerpo*. Buenos Aires: La Cebra, 2007.

NANCY, Jean-Luc. *La comunidad enfrentada*. Buenos Aires: La Cebra, 2001.

NANCY, Jean-Luc. *Ser singular plural*. Madrid: Arena Libros, 2006.

NÉMIROVSKY, Irène. *Un niño prodigio*. Madrid: Alfaguara, 2009.

NIETZSCHE, Friedrich. *El origen de la tragedia*. Madrid: Espasa-Calpe, 2000.

NIETZSCHE, Friedrich. *Más allá del bien y del mal*. Madrid: Alianza, 1976.

NIETZSCHE, Friedrich. *Todos los aforismos*. Buenos Aires: Leviatan, 2001.

NOOTEBOOM, Cees. *Tumbas de poetas y pensadores*. Madrid: Siruela, 2007.

NOOTEBOOM, Cees; SAFRANSKI, Rüdiger (Eds.). *Tenía mil vidas y elegí una sola*. Madrid: Siruela, 2012.

PÉREZ DE LARA, Nuria. Entre el amor a la experiencia y el deseo de saber: experiencia e investigación. In: Conferencia inaugural del Master de Investigación en el Departamento de Organización Educativa de la Facultad de Pedagogía de la Universidad de Barcelona, 7 oct. 2010, Barcelona.

PÉREZ DE LARA, Nuria. La construcción de la identidad desde la perspectiva de la diferencia sexual. In: CICLO JULIOLS, 2002, Barcelona.

PESSOA, Fernando. *Poemas completos de Alberto Caieiro*. São Paulo: Nobel, 2008.

PLATÓN. *El banquete*. Barcelona: Folio, 2006.

PROUST, Marcel. *Días de lectura*. Madrid: Taurus Great Ideas, 2012.

QUIGNARD, Pascal. *El lector*. Valladolid: Cuatro, 2008.

QUIGNARD, Pascal. *El nombre en la punta de la lengua*. Madrid: Arena Libros, 2006.

RANCIÈRE, Jacques. *El maestro ignorante*. Barcelona: Laertes, 2007.

RIMBAUD, Arthur. *Prometo ser bueno. Cartas completas*. Barcelona: Barril & Barral, 2009.

ROTH, Philip. *Elegía*. Barcelona: Literatura Mondadori, 2007.

ROTH, Philip. *Némesis*. Barcelona: Literatura Mondadori, 2011.

SKLIAR, Carlos. *Hablar con desconocidos*. Barcelona: Candaya, 2014.

SKLIAR, Carlos. *O ensinar enquanto travessia*. Editora Universidade Federal da Bahia, 2015. No prelo.

SKLIAR, Carlos. *Voz apenas*. Buenos Aires. Ediciones del Dock, 2011.

SKLIAR, Carlos. *No tienen prisa las palabras*. Barcelona: Editorial Candaya, 2012.

SLOTERDÏJK, Peter. *Extrañamiento del mundo*. Valencia: Pre-Textos, 1998.

SLOTERDÏJK, Peter. *Normas para el parque humano. Una respuesta a la Carta sobre el humanismo de Heidegger*. Madrid: Siruela, 2006.

STEINER, George; LADJALI, Cécile. *Elogio de la transmisión*. Madrid: Siruela, 2005.

SZYMBORSKA, Wisława. *El gran número. Fin y principio y otros poemas*. Madrid: Hiperión, 2010.

SZYMBORSKA, Wisława. *Instante*. Madrid: Hiperión, 2011.

TAFFAREL, Teresa Martín. *Lecciones de ausencia*. Barcelona: Candaya, 2007.

TAVARES, Gonçalo. *Aprender a rezar en la era de la técnica*. Barcelona: Literatura Mondadori, 2012.

TAVARES, Gonçalo. *Breves notas sobre las conexiones*. Buenos Aires: Letranómada, 2010.

TRANSTÖMER, Tomas. *El cielo a medio hacer*. Madrid: Nórdica Libros, 2010.

TSVIETÁIEVA, Marina. *Confesiones. Vivir en el fuego*. Barcelona: Galaxia Gutenberg, 2008.

TSVIETÁIEVA, Marina. *Una dedicatoria*. México (DF): Editorial Universidad Iberoamericana, 1998.

VEIGA-NETO, Alfredo. Nietzsche y Wittgenstein: herramientas para pensar la diferencia y la Pedagogía. *Mutatis Mutandis,* Medellín, v. 2, n. 1, p. 122-133, 2009.

WELTY, Eudora. *La palabra heredada*. Madrid: Impedimenta, 2012.

WOOLF, Virginia. *El lector común*. Barcelona: DeBolsillo Contemporánea, 2009.

ZAMBRANO, María. *Filosofía y Educación (manuscritos)*. Málaga: Ágora, 2007.

ZAMBRANO, María. *Filosofía y poesía*. México (DF): Fondo de Cultura Económica, 1993.

OUTROS TÍTULOS DA COLEÇÃO

A invenção de si e do mundo: Uma introdução do tempo e do coletivo no estudo da cognição
Virgínia Kastrup

A pedagogia, a democracia, a escola
Jan Masschelein

Acontecimento e experiência no trabalho filosófico com crianças
Maximiliano Valerio López

Artistagens: Filosofia da diferença e educação
Sandra Mara Corazza

Biopolítica, governamentalidade e educação: Introdução e conexões, a partir de Michel Foucault
Sylvio Gadelha

Em defesa da escola
Jan Masschelein

Infância, estrangeiridade e ignorância: Ensaios de Filosofia e Educação
Walter O. Kohan

Infância. Entre educação e filosofia
Walter O. Kohan

Infantis: Charles Fourier e a infância para além das crianças
René Schérer
Tradução: Guilherme João de Freitas Teixeira

Letras canibais: Um escrito de crítica ao humanismo em educação
Rui C. Mayer

Linguagem e educação depois de Babel
Jorge Larrosa

O mestre ignorante: Cinco lições sobre a emancipação intelectual
Jacques Rancière
Tradução: Lílian do Valle

O mestre inventor. Simón Rodríguez
Walter O. Kohan

Os Enigmas da educação: A paideia democrática entre Platão e Castoriadis
Lílian do Valle

Para além da aprendizagem
Gert Biesta

Quem educa quem? Educação e vida cotidiana
Eulàlia Bosch

Tremores. Escritos sobre experiência
Jorge Larrosa

Este livro foi composto com tipografia Bembo Std e impresso
em papel Off-White 80 g/m² na Formato Artes Gráficas.